ERNEST DE TOYTOT

LES

ROMAINS CHEZ EUX

SCÈNES ET MŒURS

DE

LA VIE ROMAINE

Populum late regem.
VIRGILE.

PARIS

JOSEPH ALBANEL, LIBRAIRE

13, RUE DE TOURNON, 13

—

1868

ROMAINS CHEZ EUX

SCÈNES ET MŒURS DE LA VIE ROMAINE

IMPRIMERIE L. TOINON ET Cᵉ, A SAINT-GERMAIN.

LES
ROMAINS CHEZ EUX

SCÈNES ET MŒURS

DE

LA VIE ROMAINE

PAR

ERNEST DE TOYTOT

Populum late rezem.
VIRGILE.

PARIS

JOSEPH ALBANEL, LIBRAIRE

15, RUE DE TOURNON, 15

1868

HOMMAGE A PIE IX

INTRODUCTION

INTRODUCTION

Les traditions de la Rome antique et les Romains modernes. — L'étude de Rome par les Romains.

« Aujourd'hui, qui vient de loin n'a beau jeu de mentir; s'il se trompe, chacun peut le reprendre; s'il dit vrai, il n'instruit personne. L'Europe est connue comme le loup blanc et même mieux. Tout le monde peut aller à Corinthe, et tout chemin mène à Rome. » Appliquant cette remarque, plus ingénieuse peut-être que vraie, un de nos spirituels contemporains soutenait récemment que nul ne saurait dire rien de nouveau sur l'Italie, encore moins sur la ville éternelle.

Quelque décourageante que soit la perspective d'une redite dans un temps friand de nouveauté, il me semble que parmi tous les chemins qui mènent à Rome, il en est quelques-uns, modestes à la vérité, mais encore inexplorés et inconnus. C'est un de ces sentiers que je voudrais suivre pour parler à mon tour de cette ville. Elle est le point ou s'arrêtent tous les regards. Sur elle, quoi qu'on dise, on n'aura jamais tout dit : *De Roma nunquam satis !*

« Rome est un océan qui devient plus profond à mesure qu'on s'y avance, » a dit Gœthe. On me pardonnera bien de me faire gloire d'être de l'avis de Gœthe. Si d'ailleurs il est quelque peu banal et indiscret à la fois d'initier le public à des impressions intimes, et de répéter sur l'azur du ciel, la hauteur des montagnes, l'aspect des cités ou les merveilles cent fois redites de l'art, un récitatif auquel on ne change que quelques notes, peut-être est-il permis de croire qu'au milieu des agitations, des convoitises et des haines du temps présent, nul petit coin de Rome ne saurait être exploré d'un œil indifférent; là, nulle question oiseuse, nul détail insignifiant. Qui pourrait, en songeant à Rome, méconnaître le devoir imposé, même au plus humble, celui de com-

battre pour la vérité et partant pour le droit?
Qui pourrait oublier les vers du poëte :

> Honte à qui peut chanter pendant que Rome brûle,
> S'il n'a l'âme et la lyre, et les yeux de Néron !
>
> . . . .
>
> C'est l'heure de combattre avec l'arme qui reste,
> C'est l'heure de monter au rostre ensanglanté
> Et de défendre, au moins de la voix et du geste,
> Rome, les dieux, la liberté.

Je suis de ceux, je l'avoue, qui croient, non
pas seulement aux monuments et aux souvenirs de la Rome antique, aux chefs-d'œuvre
de l'art moderne, mais au progrès de la civilisation chrétienne, aux splendeurs de la vérité,
dont la ville sainte proclame à tous venants
l'histoire et conserve l'immortel enseignement. Je suis de ceux qui croient, quoi qu'il
puisse arriver, à la force du droit, à l'éternelle
immutabilité des principes sur lesquels repo-
sent la justice des hommes, l'honneur des nations, la bonne foi des rois, la liberté des peuples; mais, si je n'ai pas mission d'affirmer ces
grandes choses, qu'il me soit permis du moins
de croire aussi qu'à Rome, il est encore des
Romains, je veux dire des cœurs et des senti-

ments romains, des vertus romaines dignes du grand nom qu'ils portent et de la cause à laquelle est liée leur cité.

Je voudrais essayer de faire connaître ces Romains, trop méconnus et trop ignorés. On ne les voit guère que travestis, et le plus souvent qu'au travers de récits malveillants. Je voudrais donner de leurs traits, de leur vie, de leurs mœurs, un tableau modeste mais fidèle.

Ces mœurs, ces caractères, ces traditions, cette physionomie d'un grand peuple se lient le plus souvent au passé qu'ils retracent et rappellent à chaque pas. Ils s'expliquent par l'histoire et eux-mêmes servent à faire comprendre l'histoire. Ils prouvent qu'à travers les révolutions des peuples, les ruines du temps et les incessantes mutations du présent, Rome a su conserver jusque dans le type de sa race, jusque dans les habitudes quotidiennes de sa vie, les traces indélébiles de sa grandeur.

J'aime, je l'avoue, à retrouver chez les hommes de la Rome moderne ces restes du caractère et du sang, cette unité du type qui distingue les nations comme les familles. C'est la preuve qu'ils ne sont pas nés d'hier, et que malgré la fusion, les mélanges et les migrations des peuples, ils sont restés eux-mêmes, perpétuant de longue date, quoique peut-être à leur insu, la physionomie de leurs pères.

Il n'est point aisé, je le sais, d'observer, encore moins de définir et de narrer le caractère d'une nation. On n'explore pas la personnalité mobile et changeante d'un peuple, un guide à la main, comme on visite les bains de Caracalla ou les galeries du Vatican. Le champ d'étude est plus vaste et plus varié, quand c'est l'homme que l'on étudie. Il est à la portée de tous : il est partout. Une promenade dans la campagne, l'aspect de la rue, les allures de la foule, une fête publique, un marché, une réunion populaire, une chanson, un sourire, un coup d'œil une impression, tout n'est-il pas matière à observation ?

Je suppose donc un voyageur qui n'aurait pas souci seulement des monuments, des églises, des palais et des musées, des places et des fontaines, des antiquités et des souvenirs de la Rome païenne ; j'imagine que ce voyageur voulût avoir de Rome une notion plus intime : je lui conseillerais pour un instant d'oublier les splendeurs de l'art. On peut, je crois, parcourir Rome sans tout admirer ; on peut noter sans irrévérence les contrastes de la vie humaine ou les rapprochements bizarres que font naître les impressions du moment.

Je recommanderais à mon voyageur de ne pas craindre les rues étroites et populaires, les *vicoli*, resserrés entre des files de hautes maisons pittoresques parfois, mais peu élégantes. Surtout je ne voudrais pas qu'il s'effrayât des aspects prosaïques que le touriste aventureux est exposé à rencontrer à chaque pas. En dehors même du *ghetto*, ce sombre quartier juif où fleurit encore l'industrie des vieux chiffons et des vieux habits, les amateurs de réalisme trouvent ici facilement leur compte ; mais le linge qui sèche aux fenêtres, les magasins de vieilles chaussures en plein air, les détritus de légumes amoncelés devant les portes, l'eau noirâtre du ruisseau qui va s'écoulant dans le Tibre, toutes ces réalités ne sont pas suffisantes pour enlever à l'aspect général de Rome sa poésie ni sa chaude couleur ; parfois même, j'ose le dire, elles ajouteront à son harmonie et à son charme... Enfin qu'on me permette de donner à demi-voix à mon touriste un conseil qui ne lui sera pas inutile. Il devra se résigner d'avance aux odeurs toutes plébéiennes qu'apportent les zéphyrs aux nerfs de l'observateur trop zélé, sur les marchés ou dans les quartiers populeux de la Rome moderne.

TYPES ET FIGURES DIVERSES

I

LES TRANSTÉVÉRINS

Le Transtévère. — L'aspect de Rome au delà du
Tibre. — La fierté romaine. — Traits de mœurs.
— Silhouettes de paysans. — Types et costumes.

Si on veut tout d'abord avoir une idée du véritable type romain, autant du moins qu'il se
rapproche de celui que nous a conservé la statuaire antique, il faut le chercher de préférence chez les hommes du peuple et particulièrement chez cette race agreste et forte des
Transtévérins, qui habite au delà du Tibre,
et qui semble avoir depuis un temps immémorial retenu avec les mœurs rustiques du Latium la physionomie du véritable Romain[1].

1. M. Ampère, dans son intéressant ouvrage *l'Histoire romaine
à Rome*, réduit à deux races principales les premiers fondateurs
de la Rome antique : les habitants de la plaine issus des contem-

L'aspect de Rome au delà du Tibre est le plus
poétique et le plus véritablement antique de
toute l'Italie. Ne vous attendez pas toutefois à
rencontrer ici les ruines grandioses du Forum
ni les monuments fastueux des Césars.

Au delà du *ponte Rotto,* non loin de l'Aven-
tin, qui recèle encore la caverne du brigand
Cacus, s'étend au bord du fleuve une Rome
tout agreste qui, par ses traditions non moins
que par sa physionomie présente, semble évo-
quer le souvenir des pâtres de Virgile et de la
vie rustique des premiers âges. Je n'ai point à
vous décrire, d'autres l'ont fait mieux que moi,
l'aspect pittoresque qu'embrasse du *ponte Sixto*
l'œil du spectateur, quand les rayons du soleil
couchant reflètent dans le fleuve le dôme de

porains de Faunus et civilisés par Saturne, qui s'étendaient du
Tibre aux marais Pontins; ce sont les *Latins,* peuples agriculteurs,
pâtres ou chasseurs, dont la capitale fut Albe la Longue; les autres,
habitant les montagnes de la Sabine, race dure, sauvage et guer-
rière, connue sous le nom de *Sabins,* ou *peuples de la lance,* qui
plus tard donnèrent naissance à cette aristocratie romaine dési-
gnée sous le nom de *Quirites.* Sans pousser jusqu'à leurs dernières
limites les conséquences de cette distinction des deux races primi-
tives que le temps, le mélange et mille causes diverses ont dû mo-
difier, on peut dire qu'aujourd'hui encore l'habitant de la montagne a conservé un type fort différent de celui de l'habitant
de la plaine.

Saint-Pierre. Je ne puis toutefois parler des
Transtévérins, sans indiquer au moins le fond
du tableau qui les encadre.

Ici d'abord le joli temple de Vesta avec ses
gracieuses colonnes surmontées comme une
humble grange d'un simple toit rustique : là,
le temple de la Fortune Virile, consacré à l'in-
constante déesse par Servius Tullius. Plus loin
l'embouchure de la *Cloaca Maxima*, antique et
gigantesque ouvrage du vieux Tarquin, qui ouvre ses profondeurs sur le Tibre non loin des
piles en ruine du vieux *ponte Rotto*. Des lierres,
des vignes suspendues aux murs lézardés des
maisons, des figuiers et des saules sur la rive,
des jardins ombreux derrière les grands murs
des couvents, plus loin le pont Sublicius et
l'emplacement encore marqué du camp de
Porsenna et des prés de Scevola ; l'île sacrée ;
au delà la basilique de *Sainte-Marie en Transtévère*, toute éclatante de marbres, de pierreries
et de richesses au milieu de cette cité villa-
geoise; *Santa Maria in Cosmedin*, chère aux Transtévérins; puis les souvenirs du moyen âge, la
maison de Rienzi, la *Bouche de la vérité*, ce masque étrange de pierre qui, dans les jugements

de Dieu, brisait sous ses dents de fer la main des menteurs et des parjures.

Par-dessus tout, au milieu de ces ruines et de ces souvenirs, de grands espaces silencieux et calmes, des rues écartées où paissent des troupeaux de chèvres ; devant les maisons, un pêle-mêle de charrettes, d'outils, d'animaux domestiques, tout le laisser-aller pittoresque du village : des lavoirs et des fontaines auxquelles viennent s'abreuver des bœufs pareils à ceux du roi Géryon, qui, d'après la vieille légende, paissaient ici même dans ces prairies du Tibre, quand Cacus vint les ravir.

C'est dans cette ville agreste et charmante qu'il faut aller retrouver les types encore vivants des vieux Romains du temps de Porsenna et même du temps d'Hercule. Pourquoi non ? La population transtévérine se pique de descendre en droite ligne des Romains de la grande Rome ; et même pour peu qu'on les pousse, ils vous affirmeront qu'ils ont pour aïeul le pieux Énée en personne. Tout le monde connaît l'histoire de ce Transtévérin qui, repoussé du cortége papal par un garde suisse, l'apostropha de ces paroles : *Barbaro, son d'sangue romano anche trojano*[1] *!* Cela ne vaut-il pas le *Ciris Romanus sum?* La vérité est que les hommes du Transtévère possèdent par cœur leur antiquité classique : ils parlent de Cicéron comme s'ils l'avaient connu. Par-dessus tout, ils ont conservé l'énergie et la mâle fierté de leurs ancêtres.

Voilà bien les petits-fils des pâtres compagnons de Romulus, les fondateurs de Rome ! C'est à ces hommes mêmes du Transtévère que s'appliquait jadis ce mot de *païani, pagani,* habitants des bourgs, que pourrait porter aujourd'hui encore cette race de cultivateurs, de pêcheurs ou de bateliers.

Les jours de marché on les voit arriver au cœur du Transtévère, escortant d'immenses chariots de foin ou poussant devant leurs chevaux agiles sous leurs piques de bois, leurs buffles demi-sauvages et leurs bœufs aux cornes longuement recourbées. Ils conduisent leur bétail au Campo Vaccino, dans ce forum

---

1. Barbare, je suis de sang romain et même troyen.

qui semble avoir retrouvé, avec son nom primitif, sa destination première [1].

On voit là de beaux hommes à la physionomie simple et franche, pleins de droiture, de
loyauté, le regard doux et bon, le plus souvent
sans grande intelligence, mais aussi sans as-
tuce et sans malice. Des cheveux fièrement
plantés sur le front dessinent harmonieuse-
ment l'ovale du visage : l'œil noir, humide et
brillant, le nez aquilin, la bouche fine, les lèvres rouges, la barbe serrée, cotonneuse semblent résumer le type consacré par la statuaire
romaine. Ajoutez, pour achever ce portrait,
une taille élevée, des épaules larges et puis-
santes, de vigoureuses attaches, une démarche

---

1. Virgile s'étonnait qu'autrefois, au temps d'Évandre, des bœufs
eussent mugi dans le forum et dans les opulentes carines

    Romanoque foro et lautis mugire carinis?

Ce que Virgile trouvait si étrange dans le passé n'étonne plus dans
le présent ; les bœufs mugissent au forum ; ils s'y couchent et y
ruminent aujourd'hui de même qu'au temps d'Évandre. Le forum
est redevenu un lieu agreste, et il porte le nom de *Campo Vaccino*
(champ du bétail). *L'Histoire romaine à Rome*, Ampère, t. Ier,
p. 211, *passim*.

leute, mesurée, cadencée, le port majestueux
et grave des anciens sénateurs. Ces sénateurs
sont de pauvres paysans, des pâtres, des char-
retiers ou des âniers ; mais quels artistes, et
comme ils savent porter leurs longues guêtres
de cuir, leur peau de mouton, leur chapeau
bosselé et pointu, orné de plumes de paon !
Comme ils se campent fièrement sous leur
sayon de panne ! Comme ils se drapent dans
leur manteau aux tons fauves, sans souci des
trous, de la vétusté ou de l'usure !

Braves habitants du Transtévère, fils non
dégénérés des Romains, voulez-vous me permettre de vous adresser une prière ? Gardez
longtemps vos nobles haillons, soyez fiers de
votre panne aux plis harmonieux ; surtout ne
sacrifiez pas à la mode démocratique du Nord ;
n'endossez jamais la blouse bleue ! La blouse
est froide aux vents du soir ; elle ne garantit
pas des intempéries des saisons : surtout elle
est laide, abjecte et commune. Raphaël, d'ailleurs, a illustré votre costume. Vous ressem-
blez tous, a-t-on dit, au *Suonatore* (joueur de
violon) du grand maître ! Et vous ne sauriez

mieux faire. Mais la blouse bleue, sotte et vulgaire étoffe, sans forme comme sans couleur, qui donc voudra jamais la reproduire?

Le quartier du Transtévère, au reste, n'a pas seul le privilége de montrer des types populaires et des costumes pittoresques. Si vous aimez la couleur locale, il faut parcourir les places, les marchés, les églises ; il faut vous mêler aux réunions populaires du dimanche, aux fêtes champêtres d'Albano ou de Frascati.

Rien de curieux, par exemple, comme de voir à certains jours les âniers arriver en longue file sur la place Barberini avec leurs bêtes chargées de bois, rien de pittoresque comme l'aspect de la place du Panthéon ou de la place Navone. Là, autour des fontaines et des colonnes antiques, au milieu de prosaïques entassements de choux, d'œufs et de fromages, se tiennent immobles et silencieux des vendeurs de légumes, beaux comme Adonis et robustes comme Hercule.

II

.

LES FEMMES

Les Transtévérines. — Les modèles de la place
d'Espagne. — Chants et danses. — La *saltarella*,
la *canofiena*. — Costumes et traditions antiques.
— La matrone, la vierge, la sibylle de Cumes.

Les femmes du Transtévère ont une réputation universelle de beauté sévère. Je n'éton-
nerai personne en disant qu'elles aussi ont
conservé ce type énergique et accentué qui
dénote leur antique et leur noble origine.

Tête de matrone imposante et forte, aux
traits puissants, aux yeux noirs et grands, au
regard fixe, aux cheveux luxuriants; rien de
mesquin, de vulgaire ou de petit; des déesses
ou des impératrices! Je me figure ainsi les
déesses de la vieille Rome : Minerve à l'œil de
bœuf, Βοῶπις Ἀθήνη, comme dirait le bon Ho-

mère, ou mieux encore Junon, le type accompli de la matrone romaine, si toutefois, hélas ! leurs descendantes n'étaient munies des plus formidables mains et des plus gigantesques pieds du monde entier. Mais que voulez-vous ? Personne n'est irréprochable. En revanche, jamais vit-on sang plus rose et plus vermeil accuser plus chaudement sous une peau plus blanche, la beauté, la fraîcheur et la vie ? Parfois aussi la forme arrondie et carrée du visage s'effile et s'amincit pour profiler une figure délicate, spirituelle et moqueuse, tempérée par une expression exquise de douceur.

Dans les églises, il n'est pas rare de rencontrer agenouillées des jeunes filles au regard extatique ou voilé, qui rappellent les madones ou les vierges dont l'art a conservé le type.

Rien de charmant, comme le costume national des contadines romaines avec leur jupe rouge éclatante, leur tablier aux riches arabesques, leur croix d'or, leur fichu de dentelle croisé sur la poitrine, leur tête nue, leur chevelure tordue en nattes épaisses et traversée d'une longue épingle d'or, telle que déjà nous la dépeint le poëte aux temps primitifs.

> . . . . Fibula crinem
> Auro internectit.

Le malheur est que chaque jour la crinoline et les robes d'indienne deviennent davantage à la mode. Bientôt on ne rencontrera plus à Rome une Transtévérine ni une fille d'Albano, ni même une montagnarde de la Sabine qui ne rougisse des costumes traditionnels de son pays. Hâtons-nous toutefois de dire que s'ils ont disparu de la vie quotidienne, on les revêt encore avec bonheur, en certaines circonstances : les jours de fête, au carnaval. L'Opéra-Comique n'est pas seul à les conserver. On les retrouve dans les ateliers des peintres, portés par ces belles filles des Abruzzes, dont Lehman, Hébert et tant d'autres ont su rendre le type populaire. On peut voir chaque jour ces admirables modèles en compagnie de leur père ou de leurs frères sur les degrés de la Trinité du Mont à la place *di Spagna*, où elles tiennent leurs assises en costumes de Napolitaines ou de Romagnoles. C'est là que les peintres vien-

nent louer à tant la séance leurs madones,
leurs contadines, leurs jeunes filles à la fontaine, les bergères et les pêcheuses, tous les
types du genre qui meurt et de la poésie qui
disparaît.

Poésie et Genre toutefois ne sont pas tellement disparus qu'on ne les retrouve encore
parfois au coin des rues, ne cherchant nulle-
ment à se dissimuler. Qui n'a vu et admiré
cent fois, par exemple, ce groupe charmant de
jeunes filles se balançant en cadence debout
sur une large planche suspendue par quatre
cordes à quelque portail ? C'est la *canofiena* tant
de fois racontée par le pinceau des peintres ;
ils n'ont pu rendre le son des tambours de
basque, les joyeuses chansons et les frais éclats
de rire, accompagnant en mesure le mouvement de la balançoire.

Qui ne s'est arrêté dans la campagne romaine
au bruit d'une harmonie champêtre, pleine
de charme, de poésie et de rhythme ? C'étaient
des paysans, ou plutôt des *contadines* chantant
en chœur au retour du travail; chant doux et
triste, un peu monotone et traînant, mais

suave comme le ciel d'Italie et empreint d'un
sentiment ineffable.

› Et la *saltarelle?* cette danse nationale qui
passionne les jeunes Romaines comme elle
passionne, sous le nom de *tarentelle*, les jeunes
filles de Naples, qui ne l'a entrevue? Connaissez-vous quelque chose de plus gracieux et de
plus noble que les poses des saltatrices, quand
les mains arrondies au-dessus de la tête, la
taille droite et cambrée, elles tournent en cadence l'une autour de l'autre, semblant tour à
tour se poursuivre et se fuir? « C'est d'ailleurs,
a dit un voyageur, la danse la plus commode
qui existe au monde, pourvu qu'on ait les musiciens; et encore, à la rigueur, on peut siffler
ou chanter l'air soi-même. Elle se danse seul,
à deux, à quatre, à huit, et indéfiniment si on
veut : homme à homme, femme à femme, qu'on
se connaisse ou qu'on ne se connaisse pas, la
chose n'y fait rien. Un spectateur a-t-il envie
de danser, il sort du cercle des assistants, entre
dans l'espace réservé au ballet, et pourvu qu'il
saute en mesure alternativement sur un pied
ou sur un autre, personne ne lui demandera

compte des fantaisies et des figures qu'il lui
plaira de broder sur le thème uniforme qui fait
le fond de cette chorégraphie. » Les artistes
peuvent se donner libre carrière: nul d'ailleurs
n'a de danseur ou de danseuse attitrés, et la
galanterie même n'a nul souci de la différence
des sexes. C'est ainsi que le plus souvent les
jeunes filles dansent entre elles, soit en s'accompagnant de leur tambour ou de leur chant,
soit au contraire qu'elles aient recours à la
flûte ou à la mandoline de musiciens *ad hoc*.
La mesure, d'abord assez lente, va toujours
crescendo. Bientôt l'enthousiasme, contenu au
commencement, semble éclater; à la fin les
bras s'agitent d'un frémissement rapide et in-
cessant; les jupes rouges s'arrondissent en
tournoyant; les tabliers aux couleurs éclatantes
forment de gracieuses sinuosités ; la joie est à
son comble, et pourtant les plus sévères ne
trouveraient dans ces mouvements rien d'im-
modeste ou de vil. Si la mélodie ou l'accom-
pagnement laissent parfois à désirer, la couleur pittoresque et la grâce sont au-dessus
de tous éloges, surtout quand les costumes
traditionnels se mettent de la partie, comme

à l'époque du carnaval et aux fêtes d'octobre.

A Rome, si le costume des femmes change,
s'il s'assombrit et s'enlaidit, il est des choses
qui ne sauraient de longtemps changer : c'est
la beauté de leur visage, l'expression de leurs
regards, la chaude lumière du soleil dont leur
œil semble refléter l'éclat. Je ne vous dirai
pas qu'elles conservent longtemps cette fraîcheur de la jeunesse que le ciel d'Italie semble
si jaloux de ravir. A l'âge de la maturité, elles
sont vieilles et pesantes ; hélas ! c'est le sort
de l'humaine nature, et roses elles vivent ce
que vivent les roses. D'autres leur succèdent,
et d'ailleurs le type reste sous le masque de la
vieillesse, et la couleur locale elle-même y
trouve encore son compte.

Pas une de ces matrones dont la tête ravagée
ne soit encore expressive et superbe sous ses
cheveux blancs. L'hiver dans les rues et dans
les églises, on les voit la tête couverte d'un
capuce de laine ou d'un ample mouchoir[1],

1. Les femmes du peuple d'habitude vont nu-tête ; pour entrer
dans les églises elles se couvrent, en guise de voile, d'un mouchoir,

2.

chauffant aux charbons d'un réchaud [1] leurs
mains maigries. Vous diriez la sibylle de Cumes
prête à rendre ses oracles.

d'un châle remonté sur la tête ou de toute autre pièce d'étoffe.
M. Ampère affirme que c'était une marque de respect dans le
Latium de se couvrir la tête devant la divinité. Le poëte semble
avoir exprimé cette tradition encore en usage à Rome :

Ante tuosque pedes illa ipsa adoperta sedebit!

1. L'hiver, les femmes du peuple ne se séparent pas volontiers
du *scaldino*, sorte de petit panier en terre cuite qu'elles remplissent de cendres chaudes. C'est à peu près le seul chauffage qu'ait
le peuple à sa disposition dans un pays d'ailleurs où le climat
est peu rigoureux.

III

MARCHÉS ET RÉUNIONS POPULAIRES

Le palais Farnèse et la place *Campo di Fiori*. — Les *osterie* et les industries en plein air. — Le barbier. — L'écrivain public. — Le jeu de la *morra*. — L'improvisateur.

Rome est pleine de contrastes. La simplicité des mœurs, la vie populaire s'y montrent à chaque pas. Connaissez-vous la place Farnèse? Avez-vous vu son palais majestueux, chef-d'œuvre de Vignole, de San Gallo et de Michel-Ange? J'apprécie infiniment ses colonnes doriques, son élégante corniche et les bassins immenses en granit d'Égypte qui décorent ses abords; mais j'aime fort aussi, le dimanche matin, l'aspect pittoresque de la place Campo di Fiori, qui touche au palais Farnèse.

C'est le rendez-vous des paysans qui viennent à Rome louer leurs services, traiter leurs affaires, renouveler leurs provisions ou mieux encore satisfaire leur dévotion ou leur curiosité.

Là on vient se réunir, boire, manger, se chauffer au soleil ou se reposer à l'ombre, rire, chanter, causer, faire la sieste à midi. On s'assied aux margelles des fontaines ou sur les bancs du palais; aucuns même qui ont voyagé toute la nuit s'étendent sur les pavés; ils y dorment sans vergogne et sans souci du bruit, des cris et du tumulte.

Les *osterie* (auberges) du voisinage s'emplissent; des marchands ambulants circulent au milieu de la foule; ils vendent des galettes d'orge, des pains au safran, des fritures toutes chaudes, des saucisses, des viandes sans nom. Sur des étalages en bois sont amoncelés par lots des os décharnés, des restes de viande, des hachures de bœuf qui vont faire pour un *bajoco* (1 sou), la joie de toute une famille. L'eau pure et gratuite de la fontaine complétera le festin. Tous, il est vrai, ne commettent pas de pareils excès. La plupart mangent fièrement le morceau de pain qu'ils ont apporté, ou se nourrissent de l'air du temps.

On peut, d'ailleurs, dépenser son argent de mille manières différentes et des plus agréables : d'abord se faire raser. Le barbier accomplit sa besogne en plein air avec une vélocité qui ferait honneur à Figaro lui-même. A chaque barbe il repasse son instrument sur un cuir attaché au dossier de la chaise des patients; ceux-ci se succèdent sans interruption et tout est dit. Je n'ai point vu d'ailleurs que le barbier de la place Campo di Fiori rasât encore suivant l'ancien système : au *pouce* ou à la *cuiller*. La civilisation ici est en progrès.

On peut aussi se faire arracher des dents, se faire saigner ou guérir des maux d'yeux; mais le collyre est encore un luxe que les riches seuls peuvent se permettre.

On trouve sur la place Farnèse des magasins de foulards de coton, à qui je dois cette justice qu'ils n'ont aucune couleur romaine. Je les soupçonne de venir en droite ligne de Paris ou d'Alsace.

Des vêtements d'occasion sont étalés : manteaux rapiécés ou vestes roussies par le temps;

carraques à triple collet, dans lesquels se dra-
peront encore à merveille deux générations au
moins de *Pifferari*. Les vieilles chaussures surtout abondent à la place Farnèse : guêtres.
souliers, bottes ou sandales dépareillées, l'a-
mateur peut essayer à loisir et se procurer au
choix ce qu'il préfère.

Puis viennent la chaudronnerie, les vieilles
ferrailles, la clouterie, les objets de piété qui
donnent lieu à des transactions sans nombre
comme à des discours sans fin.

On trouve là encore le chanteur en plein air,
le joueur de mandoline, l'écrivain public : un
savant celui-là ! On le consulte, on lui fait lire
ses lettres et composer la réponse ; on lui demande comme à un aruspice ce qu'il faut
répondre. La foule fait cercle, écoute le dialo-
gue et y prend part avec une bonhomie sans
pareille jusqu'à ce qu'on soit tombé d'accord.
Là tout le monde se tutoie ; d'ailleurs, suivant
la coutume méridionale, nul n'a de secrets
pour personne. On raconte ses marchés, ses
projets, ses affaires tout haut. Pourquoi pas ?

Et chacun d'écouter comme s'il s'agissait d'un
parent ou d'un ami.

Connaissez-vous le jeu de *morra*, ce jeu antique qui n'exige ni dés, ni aucun instrument,
et que Cicéron appelait *micare digitis?* Deux
joueurs, les poings fermés, étendent chacun
un certain nombre de doigts. Il s'agit de proclamer en même temps le nombre de doigts
ouverts par les mains de l'adversaire. Celui qui
devine juste a gagné : *due, cinque, sei* (deux,
cinq, six). Les joueurs se passionnent et s'ani-
ment; leurs mains s'ouvrent et se referment;
les chiffres se croisent, se succèdent, se défal-
quent ou s'ajoutent avec une prodigieuse rapidité. Naturellement ici encore la galerie est
nombreuse, et comme le chœur antique, elle
intervient à point nommé pour décider des
coups du sort et juger des arrêts du destin.

Voici maintenant l'improvisateur!
Qu'est-ce que l'improvisateur? Tout ce que
vous voudrez. Le premier venu, un artisan, un
ouvrier, un homme du peuple, mais à coup
sûr un poëte, tout au moins un rapsode des

plus habiles, des plus ingénieux et des plus
enthousiastes. C'est l'homme du Midi dans tout
son éclat, avec sa poésie, sa passion, son style
plein de fougue, de couleur, d'images, et son
front perpétuellement mobile, où se reflètent,
comme dans un miroir, les émotions incessantes de l'âme. Ce n'est pas celui-là qui voudrait
user de son visage comme d'un masque, pour
y dérober aux regards de tous les sentiments
ardents de son cœur.

Tout d'abord il commence sur un ton rhyth-
mique, avec une légère cadence, sa mélodie
populaire; et comme pour prendre le ton, il
s'accompagne discrètement de la mandoline.
Ainsi devait faire le vieil Hésiode ou les
trouvères du moyen âge; mais la musique n'est
qu'un prétexte, et je n'en vois guère l'utilité, à
moins que la mandoline ne serve à calmer
l'improvisateur, comme la flûte qui accompa-
gnait les orateurs romains.

Quelle fougue! Voyez comme il se passionne
pour la patrie! comme il croit à ses antiques origines, à ses dieux, à ses héros, à ses
immortelles destinées! Comme il peint les
combats, les luttes de la Rome belliqueuse;

comme il malmène ses ennemis : Volsques,
Carthaginois ou Barbares! Il est Romain de cœur
et d'âme ! Il connaît à fond sa mythologie et
son histoire. Si l'occasion s'en présente, il fera
intervenir les Gracques et Scipion l'Africain, et
Cicéron, et Jules César, et Marcellus, et Marc
Aurèle et tant d'autres. Au besoin il remontera
jusqu'à Janus à la double face, à Saturne et
à Jupiter; il parlera des Champs-Élysées et
du Tartare et des dieux de la fable; mais ne
croyez pas pour cela qu'il soit païen; il connaît
aussi son Dante, son Tasse, voire son Arioste,
Rolland et Ferragus, la légende du moyen âge
et le roman chevaleresque. Il est rare qu'il ne
termine son poëme épique par une invocation à
la madone, une prière à Sant' Antonio, ou un
chant de triomphe à la papauté; le nom du
pontife vénéré Pie IX sert de motif au finale de
toute improvisation qui se respecte.

Ces compositions ont l'ampleur d'une Iliade.
Je ne prétends pas qu'Aristote n'aurait rien à y
reprendre, mais pour n'être toujours ni très-
claires, ni absolument historiques, ni parfaitement châtiées, elles n'en sont pas moins pompeuses et brillantes sous leur forme populaire.

Ces plébéiens poëtes ont su conserver le style
religieux et les formes officielles et convenues
de la vieille épopée classique, bien plus que
beaucoup d'élèves de rhétorique de nos lycées.
Il semble qu'ils aient à leur disposition des
quantités innombrables de vers ou de fins de
vers qui, placés au hasard, composent de la
façon la plus naturelle et la plus simple la plus
admirable mosaïque de fleurs qui se puisse
voir.

L'auditoire n'est pas moins poëte que l'improvisateur; même foi robuste et naïve, même
ardeur, même enthousiasme, même jeu de
physionomie. C'est merveille de regarder ces
gens-là quand ils écoutent, merveille aussi de
les voir applaudir et porter en triomphe le
coryphée vainqueur qui les a séduits et eni-
vrés.

Hélas! l'improvisateur s'en va! Il n'est plus!
Ceux qui ont vu Rome, il y a quelques années seulement, l'ont pu rencontrer encore,
pour peu qu'ils soient nés sous une bonne
étoile; car déjà le poëte populaire se faisait
rare et son pégase rétif. Mais que nos neveux
ne se fassent pas illusion; on ne peut à la fois

être et avoir été, et l'improvisateur n'est plus!
O vous, Romains de la vieille roche, cœurs enthousiastes de poëtes, ou vous tout simplement amateurs du pittoresque ou de la couleur,
pleurez sa perte! Comme vous, je la déplore à
l'égal d'un malheur irréparable!

IV

POETES, ÉCRIVAINS, ORATEURS

Pasquino et Marforio. — Poésies et sonnets. — Les petits orateurs de l'*Ara-cœli*. — La *Chiesa nuova*. — Les prédicateurs populaires.

Si l'improvisateur, et avec lui la poésie et les dieux s'en vont, l'esprit n'a pas encore quitté Rome ; je dirai même qu'il court les rues ; mais pour s'épargner la peine de le chercher trop longtemps, il faut savoir qu'il habite de préférence au pied de la statue de *Pasquino* et de son confrère *Marforio*.

Jadis vivait à Rome un tailleur bel esprit et quelque peu satirique du nom de *Pasquino*. Non loin de sa maison, on découvrit, après sa mort, un torse antique de Ménélas, auquel on donna le nom du facétieux tailleur. La statue, depuis

lors, n'a guère failli aux traditions de son patron. C'est elle qui, chaque matin, enregistre
sous forme de questions les pasquinades et les
bons mots du peuple le plus spirituel de la
terre, n'en déplaise à nous autres Français.
Le lendemain, on trouve la réponse affichée
sur la statue de *Marforio*, voisine du Capitole.
Le gouvernement n'en a nul souci ; au besoin,
il échangerait lui-même quelque bonne plai-
santerie avec les deux compères. Aussi lazzi,
quolibets et bons mots ne font jamais défaut,
et voilà l'opposition satisfaite et le peuple con-
tent. En 1808, raconte-t-on, après l'entrée des
Français à Rome, alors que Pie VII était pri-
sonnier au Quirinal, cet enragé de Pasquino
n'eut-il pas la singulière idée de demander si
les Français n'étaient pas des brigands. Et
Marforio, de l'air le plus innocent du monde,
lui répondit : « *Buonaparte* (en grande partie) ! » oui ; mais le drôle n'avait eu garde de
séparer les deux mots.

Après les écrivains, les poëtes ! C'est un
usage immémorial chez les Romains de s'a-
dresser des vers en toutes circonstances. Les

jours de fête, le jour de la Résurrection, par
exemple, quand Pâque ramène dans tous les
cœurs l'allégresse et la vie, on profite de l'occasion pour confier des vers aux murs de la
cité, aux portes des maisons. Odes, sonnets,
acrostiches, sujet de circonstance, épîtres dé-
dicatoires, compliments en vers ou en prose,
à tel ou tel *illustrissimo signore*, rien n'y manque,
pas même la poésie. La muse compte ici des
amis par milliers, amis un peu trop nombreux
sans doute, pour être tous dignes de ses faveurs, mais fervents, et, plus sincèrement
qu'on ne le pourrait croire, enthousiastes.

A la fin des repas, pour peu qu'un poëte se
trouve parmi les convives, et il s'en trouve
toujours, il est rare que n'éclate pas une pièce
de vers en l'honneur de l'amphitryon, du dîner
s'il est bon, ou de n'importe qui. C'est comme
un bouquet obligé, sans lequel il n'y a pas de
dessert bien servi, ni complet. En pareil cas,
il est de fort bon goût de chanter, soit en solo,
soit en chœur, quelque chanson de circonstance destinée à célébrer un des convives ou
l'événement qui a amené la réunion. Ainsi fai-

sait-on jadis au bon pays de France quand on
savait chanter et rire.

Des sonnets et des chansons aux prédications de l'*Ara-cœli*, il n'y a que la distance de la
poésie à l'éloquence.

Si l'on aime à recueillir les traditions romaines, si l'on veut, avant qu'elles disparais-
sent complétement, saisir encore quelques-
uns de ces traits de mœurs qui sont comme la
poésie et le parfum de la ville éternelle, il faut
aller écouter les petits prédicateurs qui, au
temps de la Nativité, célèbrent à l'église de
l'*Ara-cœli* le *santissimo Bambino*, le personnage le
plus populaire de Rome.

Là, de petits orateurs de sept ans, pendant
six semaines, tiennent la foule attachée à leurs
lèvres d'or.

La fête de Noël est la fête de l'enfance :
donc, à l'*Ara-cœli*, c'est elle qui trône, c'est elle
qui monte sur le pinacle, et je parle ici sans
métaphore; c'est elle qui prêche, et je ne se-
rais pas étonné que ce fût elle aussi qui con-
vertit les pécheurs. De midi à trois heures,
chaque jour se débitent, au grand ébaudisse-

ment de l'auditoire, des sermons, des homélies, des prônes, des prières, des invocations à l'enfant Jésus, des dialogues, des noëls, de la prose, des vers, des sonnets, du dogme, de la morale, de la poésie, de la fantaisie, et tout cela sur la fête de Noël. Jamais je n'eusse pu croire que l'esprit humain pût embrasser un sujet de tant de façons diverses.

Ce qui est particulièrement remarquable, c'est l'attitude, le geste et la diction de ces prédicateurs enfants. Naturel, onction, pathétique, mouvements oratoires, autorité de la voix et du geste, il ne leur manque rien, pas même de savoir donner la bénédiction finale avec toute la gravité convenable. Leur faconde intarissable est naturelle; ce ne sont pas des enfants prodiges, affectés et prétentieux; c'est le génie d'un grand peuple débordant par les intelligences des plus jeunes, comme un torrent dont le flot s'écoule par les fissures inaperçues de ses rives.

Chose curieuse, les petites filles sont en majorité : c'est à elles aussi que revient l'honneur et la supériorité de l'éloquence.

C'est merveille d'entendre ces arrière-petites

nièces de Cicéron et d'Hortensius célébrer,
dans la langue d'Alfieri, les poétiques légendes
de la Nativité.

Noël ouvre la gracieuse exhibition de cette
éloquence enfantine. Pendant le Carême et
l'Avent, les soirées du dimanche réunissent
à la *Chiesa Nuova* un auditoire nombreux. Là,
entre les oratorios, les chœurs religieux, les
chants sacrés exécutés par des adolescents
avec un merveilleux ensemble, se succèdent
à la tribune sacrée de jeunes orateurs de
douze ans. Il faut voir avec quelle majesté et
quelle ampleur ces petits personnages parcourent à grands pas la vaste estrade sur laquelle
se déploie plus à l'aise que dans nos chaires
étroites l'éloquence méridionale de l'Italie.
Il faut entendre leur voix émue et leurs accents tour à tour indignés ou suppliants, quand,
proclamant les grandes vérités de la religion,
ils terminent leur discours par une pathétique exhortation à la pénitence, avec toute la
conviction d'un âge qui ne connaît ni les difficultés ni les atermoiements. L'Italie a pris à
la lettre la parole de l'Écriture; elle reçoit la

vérité des lèvres de l'enfance avec un respect traditionnel.

Je ne sais rien de plus intéressant, de plus curieux et de plus charmant que ces solennités. Il ne s'agit pas ici d'exceptions; tous, fils de patriciens ou d'artisans, riches ou pauvres, apprennent à l'école leur petit sermon, et tous, j'oserai dire, le débitent avec un égal talent; tant le culte de l'éloquence et les traditions littéraires du passé sont naturels à ce peuple, qu'on se plaît à représenter comme dégénéré, sans vie et sans grandeur.

A côté des petits prédicateurs de l'*Ara-cœli* ou de la *Chiesa Nuova*, il faut citer aussi ces trois petits garçons que tout le monde a pu rencontrer dans les rues de Rome, véritables petits chérubins en soutane [1], chargés d'annoncer la loi divine et d'en proclamer la sanction. Ils ont ordre d'engager les parents, et par contre les enfants, à ne pas oublier l'heure du caté-

---

1. A Rome, tous les enfants des écoles portent un costume ecclésiastique. Chaque école a son uniforme. Les jours de promenade on voit défiler ainsi des cardinaux, des dominicains, des prélats, des religieux de toutes couleurs et de toute variété, dont les plus âgés n'ont pas quinze ans,

chisme. Vous les voyez, une clochette et un crucifix à la main, parcourant les carrefours et les places, et proclamant tous trois à la fois leur mission: *Padri e madri mandate ai vestri figliuoli alla doctrina Cristiana. Se non li mandarete, ne renderete conto al Dio*[1]. VOUS EN RENDREZ COMPTE A DIEU ! Connaissez-vous beaucoup de lois pénales plus simples et plus grandioses?

Après les improvisateurs, les satiriques et les poëtes, après les orateurs imberbes, il faut citer, comme un des types les plus curieux de la Rome populaire et religieuse, le prédicateur en plein air.

Suivez le chemin de la croix au Colisée, le vendredi, ou mieux encore mêlez-vous en été aux pénitents et aux confrères qui, à l'heure de l'*Ave Maria*, sortent de la *Caravita*. Devant le cortége marche, porté par un prêtre, un grand crucifix de bois. Au coin de la place du Panthéon, devant la madone de *Ripetta*, ou en tout autre lieu désigné d'avance, on élève à la hâte une estrade: c'est à la fois l'autel et

---

1. Pères et mères, envoyez vos petits garçons au catéchisme, si vous ne les y envoyez pas, vous en rendrez compte à Dieu!!!

la tribune. On y dresse la croix, symbole d'espérance comme de douleur ; alors, au pied de cette croix, sous ce ciel transparent et lumineux, au milieu des bruits de la rue et des agitations de la foule, retentit libre, forte, puissante, comme les flots débordés d'un grand fleuve, la prédication populaire.

Ne me demandez pas si l'orateur parle bien, si ses phrases sont harmonieuses, ses périodes arrondies, ses expressions choisies. Je n'en sais rien, en vérité ; mais ce que je sais, c'est qu'il est ému, c'est qu'il est possédé, dévoré de l'amour du Christ et du salut des âmes. Voyez-le, sa taille grandit, sa poitrine se gonfle, sa voix tonne, ses yeux lancent des éclairs, ses larmes coulent ; il enserre la croix de ses bras, il supplie, il menace, il s'agenouille, et le peuple à son tour frémit, pleure et se prosterne, subjugué, entraîné par la crainte de l'enfer, la haine du péché et les divines ardeurs du Sauveur qui aima les hommes jusqu'à la mort. Oh ! combien je préfère à nos rhéteurs et à nos petits maîtres de la parole, ces mâles tribuns du Christ, ces énergiques orateurs du peuple.

V

LA MADONE

Chaque année, au retour de l'Avent, des
bergers descendent des montagnes des Abruzzes
ou de la Sabine. Ce sont des *Pifferari*. Ils parcourent les rues de Rome, annonçant, au son
d'une musique champêtre, la prochaine naissance de l'enfant de Bethléem.

« Vous les voyez ordinairement par groupes
de trois musiciens : un vieillard, un homme
d'un âge mûr et un enfant. Ils rappellent
ainsi l'ancienne tradition, qui ne compte que
trois bergers à la crèche [1]. Debout et tête nue

1. Sandini, *Historia familiæ sacræ*, p. 15.

devant les madones qui ornent les façades
des maisons ou qui se dessinent éclairées par
une lampe au fond des magasins, ils saluent
de leur joyeuse symphonie l'heureuse mère du
Sauveur. Je ne connais rien de plus gracieux
que le coup d'œil offert par les boutiques de
Rome alors que les madones sont illuminées
et que les marchandises, disposées avec un
goût parfait sur des plans inclinés, apparaissent
dominées par une jolie statue de la sainte
Vierge, placée dans le fond sur une riche con-
sole, ornée de fleurs et de flambeaux allumés.

Les instruments des Pifferari sont simples
comme ceux des bergers. Une musette, un
hautbois, un chalumeau, un triangle, voilà tout
l'orchestre de ces musiciens de la montagne.
La *canzonetta* qu'ils répètent devant la Reine du
ciel n'est point écrite sur des notes savantes.
Cette simplicité même est un charme ; elle rappelle admirablement l'humble mystère de la
crèche.

Le costume des Pifferari est en harmonie
avec leur musique et leurs fonctions. Il vous
reporte en plein moyen âge ; tel je l'ai vu, tels
le virent, j'en jurerais ! ceux qui me précédè-

rent à Rome il y a des siècles. Un chapeau
tyrolien orné d'un large ruban de diverses
couleurs, un demi-manteau en grosse bure
verte, une culotte en peau de brebis ou de
chèvre, des chausses terminées par une se-
melle qui se rattache sur le pied avec des
courroies; ajoutez à cela de longs cheveux
noirs qui descendent sur les épaules, une
belle barbe, des yeux vifs, un front élevé, et
vous aurez une idée de ce costume et de
ce type remarquable.

« Rome voit arriver avec plaisir les Pifferari;
tout ce qui rappelle un souvenir religieux est
bien accueilli dans cette ville essentiellement
chrétienne. On les aime, on les fête, on les
attire; eux-mêmes vont offrir leurs services
dans les maisons ou dans les palais, deman-
dant si vous voulez faire une neuvaine à votre
madone. Si on accepte, et qui n'accepterait
pas? ils viennent pendant neuf jours vous
réjouir de leurs concerts. Vous les gratifiez
de quelques *baïoques*, et je ne sais quel est le
plus heureux de celui qui reçoit ou de celui qui
donne [1]. »

1. *Les Trois Rome,* par M. l'abbé Gaume, t. I, p. 219.

Mais la madone reçoit à Rome mieux que
des prières de commande ou des concerts de
Pifferari.

La madone à Rome, ce n'est pas seulement
la Vierge sainte, honorée et vénérée par l'É-
glise comme la mère de Dieu, en l'honneur de
laquelle se sont élevés les basiliques les plus
anciennes, les sanctuaires les plus célèbres et
les plus somptueux ; la madone, c'est la vie,
c'est l'âme même du peuple de Rome : *Vita,*
dulcedo, spes nostra! c'est la patronne tutélaire
et protectrice de tous. A elle petits et grands
confient leurs secrets, demandent secours,
lumière et protection avec une confiance sans
bornes. Il est peu de conversations populaires
où vous n'entendiez prononcer le nom de la
madone ; pas un événement heureux où elle
ne soit intervenue, pas une faveur qu'on ne
soit en droit d'espérer de sa munificence, pas
une fête qu'elle ne préside, pas une rue qu'elle
ne protége. Elle est de tout, elle est partout.
Aux angles des maisons, au seuil des monuments, dans l'intérieur des demeures pri-
vées, partout, jusque dans les cafés et les
lieux de réunions publics, apparaît comme

un palladium vénéré la douce image de la
madone.

Il n'est pas rare de voir défiler dans les rues
de longues processions de jeunes filles (*aman-
tate*), entièrement enveloppées d'un voile blanc
qui à peine laisse apparaître deux yeux scin-
tillants et noirs comme le jais. Elles se rendent
en chantant à quelque autel vénéré, ou elles
suivent le cortége du Saint Sacrement. Rien de
plus pittoresque, de plus suave et de plus
pieux. On peut dire de Rome ce qu'une jeune
fille disait du Paradis : *un pays où c'est tous les
jours la première Communion.*
D'autres fois, ce sont des populations éloi-
gnées de Rome qui se rendent en pèlerinage à
Sainte-Marie-Majeure ou à Sainte-Marie du
Peuple pour offrir à la mère de Dieu un témoignage solennel de leur foi et de leur amour.
Parfois, au mois de mai, sur la place de
l'immense basilique, on voit se dérouler en
longs méandres des processions composées
entièrement de femmes et de jeunes filles.
Elles viennent de villages éloignés, par exemple, de *Rocca di Papa.* On les voit, sous leurs

habits de fêtes et leurs pittoresques costumes, traverser au soleil ardent les vastes solitudes de la campagne romaine, sans que jamais la fatigue vienne un seul instant interrompre les chants des cantiques ou le recueillement de la marche.

Par moments leurs accents s'en vont expirants, perdus dans l'étendue ; mais les notes affaiblies de ces frêles voix de femmes s'élèvent toute-puissantes, harmonieuses et confiantes vers le ciel qui les entend et les recueille.

Elles cependant, au terme de leur pèlerinage, s'agenouillent en cercle devant l'autel de la madone, et leurs voix éclatantes et sonores remplissent la vaste nef. Les chants terminés, on prie à voix basse ; on implore pour les siens la miséricorde divine, et on retourne au village plein de confiance, d'espoir et d'amour.

Souvent dans les rues, une lampe brûle devant la madone ; au printemps, on l'entoure de fleurs. A la tombée de la nuit, des illuminations s'élèvent autour d'elle. Au temps de la nativité de la Vierge, des feux d'artifice, des

fusées et des flammes de Bengale dessinent en
traits de feu quelque image vénérée. Presque
chaque jour, à la vingt-quatrième heure [1], les
confrères de la *Caravita* ou ceux de toute autre
association s'arrêtent à l'issue de l'exercice du
soir devant la madone de leur quartier. Ils s'en
vont par groupes récitant le rosaire ou chantant des cantiques. A leur exemple, des passants s'arrêtent autour de la statue pour la
vénérer et la saluer. Des *contadini*, des enfants
à la voix fraîche et sonore entonnent à plein
cœur quelque vieux couplet, et la foule reprend
sur un rhythme qui ne manque ni de chaleur
ni de charme le refrain classique : *Evviva,
evviva Maria!* On se croirait revenu aux siècles
de foi, et on se prend à aimer la madone comme
les Romains eux-mêmes, d'une manière sen-
sible et palpable. Le pittoresque et la poésie
sont ici d'accord avec la foi, et la réalité n'est
pas moins belle que la légende.

1. Suivant l'antique usage italien, le cadran se divise encore à
Rome en vingt-quatre heures, et se règle d'après le coucher varia-
ble du soleil, qui marque la fin du jour. L'*Ave Maria* indique
vingt-quatre heures et annonce avec l'heure de la prière le commencement d'un nouveau jour.

LES FÊTES

I

LES FÊTES RELIGIEUSES

Les cérémonies à Rome. — La pompe romaine. — L'adoration perpétuelle du Saint-Sacrement. — La visite de Pie IX aux églises.

Il n'est pas toujours aisé de définir un peuple; l'âme humaine est de sa nature *ondoyante et diverse*, comme dit Montaigne, mais l'âme d'un peuple, son caractère, ses mouvements, ses aspirations, comment en saisir l'ensemble? Parmi tant de physionomies mobiles et changeantes, comment tracer un portrait qui puisse s'appliquer, sinon à tous, du moins au plus grand nombre?

Laissons pour le moment la nature intime des personnes. Ne parlons que de ce qui se voit. Aussi bien l'aspect pittoresque de la

foule n'est pas seulement un plaisir pour les
yeux; il est encore à Rome un indice et un
trait de mœurs général.

Nulle ville d'ailleurs où les fêtes soient plus
nombreuses, plus multiples et plus brillantes,
nulle où le peuple soit plus disposé à y
prendre part, et à conserver rigoureusement
intact depuis un temps immémorial le pro-
gramme traditionnel de ses solennités religieuses ou nationales.

Je ne dirai rien de ces cérémonies splen-
dides de la Rome chrétienne qui, presque
chaque jour, à chaque heure, attirent dans
quelque église ceux qui recherchent les con-
solations de la foi ou qui se plaisent au spectacle des pompes sacrées dont Rome seule a le
secret. Tout le monde connaît la richesse avec
laquelle sont prodigués dans les églises l'or,
le marbre, les gemmes, les draperies, les lumières, les fleurs, l'encens. Aux grandes solennités viennent se joindre les harmonies
grandioses de la musique, chants, mélodies
et orchestres, qui donnent à l'âme comme un
avant-goût du ciel, et aussi l'éloquence en-

traînante de cette parole romaine qui domine et subjugue par la force autant qu'elle séduit par la grâce et la beauté de la forme.

Mais sans entrer dans les détails, qu'il me soit permis au moins de mentionner rapidement les circonstances principales qui, se succédant sans interruption dans le cycle annuel de la ville sainte, lui font comme une fête perpétuelle.

Aujourd'hui on célèbre le souvenir d'un saint à tel endroit; demain c'est une fête de l'Église, c'est la fête patronale de telle basilique. Une des plus populaires et des plus touchantes dévotions de Rome est assurément l'exposition du saint Sacrement qui, de quarante heures en quarante heures, est offerte à la piété des fidèles.

Ce jour-là le quartier du sanctuaire privilégié semble être en liesse; la rue est décorée de feuillage, le pavé jonché de buis et de palmes, suivant l'usage italien. Aux abords de l'église, un immense ostensoir en bois peint apparaît au milieu d'arcades et de guirlandes, et un écusson placé au-dessus de la

porte indique la solennité. A l'intérieur, les
offices en musique, les prédications, les processions témoignent d'une pompe inaccoutu-
mée.

Chaque soir un cardinal officie ; souvent
même le pape lui-même vient s'agenouiller
aux pieds de l'autel. La fête est terminée par
un salut solennel, et au moment précis où le
Sauveur entre dans le tabernacle, les cloches
annoncent au loin qu'il reparaît sur les autels
d'une autre église. Ainsi, pour Rome, l'adoration n'est pas seulement la fête passagère
d'une église ou d'un quartier ; c'est réellement
la fête perpétuelle et incessante de la ville tout
entière.

Parlerai-je aussi des promenades du saint-
père et de ses visites solennelles aux églises ?
C'est pour les étrangers et pour les Romains
un spectacle, mais c'est aussi une fête où la
piété du cœur, la vénération et la joie ont
plus de part encore que les yeux ! Le carillon
de Saint-Pierre annonce l'heure du départ du
cortége. Si c'est une simple sortie, Pie IX n'est
escorté que de quelques gardes nobles et d'un

camérier; si au contraire il s'agit d'une grande
cérémonie, la suite est plus nombreuse.

Le carrosse de gala rouge et or est attelé de
six chevaux noirs richement caparaçonnés. Les
postillons et les valets de pied sont en livrée
de soie rouge. Des cardinaux, des camériers
accompagnent le souverain pontife. Longtemps
avant son arrivée, la foule encombre les abords
de l'église. Bientôt deux dragons arrivent au
galop : *Eccolo ! Eccolo !* (le voici ! le voici !) La
garde noble, en grand costume, précède le
saint-père. Quant à lui, assis sur un trône
élevé du fond de sa voiture, il jette un regard
ineffable d'amour et de tendresse au peuple
qui se presse sur la *strada papale* [1]. On s'agenouille, on courbe la tête sous sa main pater-
nelle.

S'il ne s'agit que d'une simple prière et
non d'une *fonction*, le souverain pontife entre
dans l'église, laissant à la porte le faste inutile
de son cortége. La foule alors forme autour de
sa personne sacrée un cercle étroit. Lui cependant, agenouillé comme le plus humble de-

---

1. La voie papale. — On nomme *strada papale* (voie papale)
la rue où passe le cortége pontifical.

vant la croix, il prie pour son peuple, les yeux levés au ciel, le divin Maître dont il occupe la place sur la terre.

Le silence n'est interrompu qu'au moment du départ. *Evviva ! Evviva Pio IX! Evviva il papa re* [1] *!* Demain, chaque jour les mêmes acclamations et les mêmes vivats témoigneront du même enthousiasme. Ah ! puisse le vieux cri national retentir longtemps encore dans la vieille cité, capitale de l'Italie et du monde. C'est le cri de la liberté, de l'honneur et du droit !

1. Vive Pie IX! vive le pape-roi!

II

LA PLACE SAINT-PIERRE

Les solennités de Saint-Pierre de Rome. — L'aspect de la place. — Les cortéges et les processions. — *La loggia*. — La bénédiction pontificale. La *luminara*.

Puis viennent les grandes solennités de Noël, de Pâques, de l'Ascension, de la Pentecôte, de la Fête-Dieu, de la fête de saint Pierre et de saint Paul, de l'Assomption. Je n'essayerai pas même de décrire, après tant d'autres, le spectacle féerique de la place *San Pietro*. A travers les degrés du Vatican, les escaliers et les péristyles du temple, les colonnes et les portiques, montent et descendent, s'enchevêtrent et se replient les flots ondoyants et pressés du cortége pontifical. Quel ensemble! quels tons chauds, quelle harmonie d'ombres et de lu-

4.

mières au milieu de cette foule ! Etrangers,
Romains, visiteurs, femmes voilées de noir,
paysannes en habits de fète, pèlerins aux sombres costumes circulent à travers les carrosses
rouges des cardinaux, les cavaliers de la garde
noble couverts du casque antique à la longue
crinière, les régiments suisses, les fantassins
de la garde palatine. Çà et là apparaissent,
évocations d'un autre âge, les hallebardiers du
pape équipés comme au temps de Michel-
Ange. Ils portent encore le haut-de-chausse
noir, rouge et jaune, la cuirasse, les brassards
et la fraise du seizième siècle, et le panache
rouge au-dessus de la rondache d'acier éclatante au soleil.

Le cortége s'ébranle ! la procession défile à
travers l'immense basilique.

On entend résonner au loin le bruit des
cloches et des tambours. Voici venir les gardes nobles ! les appariteurs au pourpoint de
velours noir, avec la chaîne d'or et le manteau espagnol ! le sacré collége en chapes et
en mitres blanches ! les évêques, les chefs
d'ordre, les prélats ! Voici l'épée à garde d'or

(*stocco*) et le chapeau ducal de velours cramoisi (*cimiero*), emblèmes de la puissance, portés par deux hauts dignitaires. Le successeur du Christ apparaît porté sur la *sedia gestatoria* dans l'éclatante majesté de sa triple couronne. Derrière lui, les *flabellifères* portent les éventails de plumes de paon, symbole et souvenir de l'Eglise d'Orient. A l'entrée du saint-père dans l'immense basilique s'élève un chant de triomphe : *Tu es Petrus*, acclamation sublime et divine comme la bouche de celui qui le premier prononça ces paroles.

Le jour de Pâques, après la messe, la foule se précipite de nouveau sur la place ; le cortége s'avance dans le même ordre. A midi sonnant, la voix du canon s'unit à celle des cloches et des tambours pour proclamer l'heure solennelle. « La *loggia* du grand balcon de Saint-Pierre s'est ouverte ; tout à coup, soulevé par des mains invisibles, un baldaquin se hausse, sous lequel apparaît le pape seul dans le nuage de ses blancs vêtements comme une vision céleste, entouré à droite et à gauche des grands éventails de plumes qui, pareilles aux

ailes des anges, le soutiennent dans les airs.
Un frisson sacré passe dans tous les cœurs;
un silence profond d'attente et d'émotion lui
succède [1]. »

Le successeur de Pierre trace dans l'espace
le signe de la rédemption. La bénédiction divine descend comme une rosée bienfaisante et
féconde sur la ville sainte et sur le monde entier. Alors les visages resplendissent, les fronts
s'inclinent, les têtes se courbent, la foule tout
entière semble absorbée comme un seul cœur
dans la joie d'un mystérieux hosanna.

L'illumination de Saint-Pierre, la *luminara*,
est le couronnement du jour de Pâques; mais
ici encore je demande à céder la parole au
pèlerin de Rome, à M. Ed. Lafond et à Mgr
Gerbet :

« Il faut, dit M. Lafond, s'arrêter sur le pont
Saint-Ange pour jouir de l'aspect magique
qu'offre la coupole de Michel-Ange tout en-
flammée et se détachant sur le ciel étoilé entre
les maisons noires du Tibre et le fleuve sombre et mugissant. »

1. Voir *Lettres d'un pèlerin*, par M. E. Lafond, t. II, p. 387.

« Cette coupole illuminée, dit Mgr Gerbet, semble être une tiare étincelante posée sur le tombeau du pêcheur. La lampe qui veille près du cercueil d'un juste dans un petit caveau, a déjà sa clarté prophétique. Mais l'illumination de la tombe devait avoir son apogée; elle devait monter jusqu'à la splendeur, et il est moralement beau qu'un sépulcre se trouve être chaque année le point le plus radieux de la terre [1]. »

« Du pont Saint-Ange, l'admirable architecture se dessine en traits de feu, mais il n'y a encore que les grandes lignes d'arrêtées par l'invisible pinceau de l'enchanteur ; l'immense façade est trouée par des vides noirs comme un catafalque. Mais ils seront bientôt remplis. Attention ! voilà la *trasformazione*.

» Au premier coup de huit heures, les *San Pietrini*, suspendus à des cordes comme des feux follets, traversent la façade avec des pots enflammés, et l'exécution de cette manœuvre est si prompte et si parfaite, qu'au dernier coup de huit heures le changement à vue est opéré; l'illumination est complète.

1. Mgr Gerbet, *Esquisses de Rome chrétienne*, passim.

» Un fanal sublime s'allume au centre de l'horizon romain. Les villages suspendus aux flancs des montagnes de la Sabine, les solitaires du mont Soracte, les pâtres de Tusculum l'aperçoivent, et le bateau à vapeur qui passe à cette heure-là près de la côte d'Ostie, salue de loin une tour de lumière qu'il ne rencontre jamais sur d'autres rivages.

» La croix qui surmonte la coupole paraît faite d'étoiles scintillantes descendues de la voûte des cieux. La basilique étincelante semble l'image de la Jérusalem céleste, tandis qu'à droite le Vatican, grave et silencieux dans son ombre monumentale, contraste avec les splendeurs de la basilique. Le pape plonge son palais dans l'obscurité pour laisser toute la gloire et toute la lumière au tombeau de l'apôtre dont il est le successeur[1]. »

Sur la place circule une foule immense de voitures et de piétons dans un joyeux enthousiasme et un ordre parfait; puis la foule s'écoule aux cris mille fois répétés de : *Vive le pape-roi!* Et chaque année la même solennité

---

1. *Lettres d'un pèlerin*, par M. Ed. Lafond, t. II, p. 391 et 392.

s'accomplit en mémoire de la rédemption de l'humanité ou en souvenir du pêcheur de Galilée qui règne sur le monde.

Telle est la grandeur de Rome qui conserve ces immortelles traditions, tel le privilége de son peuple au milieu de l'atmosphère radieuse, pure et libre où il lui est donné de vivre.

III

LE COMMENCEMENT DE L'ANNÉE

Le premier jour de l'an. — Les crèches. — Les bonnes fêtes.—Noël.—L'Épiphanie et la *Befana*.

Deus nobis hæc otia fecit ! C'est Dieu, c'est la religion d'abord et ·ensuite la patrie qui procurent aux Romains ces joies et ces fêtes.

Il en est d'autres pourtant moins élevées et moins nobles, sinon moins curieuses et moins pittoresques qui, chaque année, ramènent à époque fixe la bonne humeur et la gaieté dans les familles. C'est ici surtout qu'il est vrai de dire que les extrêmes se touchent. A la gravité antique, aux solennelles formes de la dignité romaine, nous allons voir succéder parfois les amusements les plus bouffons et les plus grotesques.

Je passe sous silence le premier jour de l'an, qui n'existe guère à Rome que pour les Français. J'ai bien vu ces *forestieri* (étrangers) échanger, à la mode de leur pays, des poignées de mains et de petits morceaux de carton sur lesquels étaient inscrits leurs noms ; quant aux Romains, il m'a paru qu'il n'y avait pour eux ce jour-là ni étrennes, ni bonbons, ni souhaits de bonne année ; ils se réservent pour la fête de l'Épiphanie, et je vous réponds qu'ils ne perdent pas pour attendre.

A la vérité, le *capo d'anno* (le commencement de l'année) date pour eux de Noël. L'anniversaire de la naissance du Sauveur marque le renouvellement de l'année. Si c'est la fête de l'humanité, c'est aussi la fête de la famille, la fête des *bambini* (petits enfants), et par voie de conséquence, celle des étrennes. Mais les *præsepe* (crèches) en font principalement les frais. On en fabrique, on en expose partout. On se les offre en présent, et, si on n'a pu faire mieux faute d'argent, on se dédommage en allant vi-

siter celles qui sont exposées. Il en est de plus
particulièrement célèbres : je citerai celle de la
Lungara, au bord du Tibre. L'histoire de la Nativité sert de prétexte à des exhibitions sans
nombre, où la fantaisie de la mise en scène se
donne large carrière pour le plus grand bonheur des enfants et des parents.

Le jour de Noël aussi, s'étalent le long du
Corso des magasins en plein air; on s'y donne
rendez-vous pour célébrer, chacun suivant ses
moyens, *les bonnes fêtes.*

Mais Noël est une solennité semi-religieuse
et semi-enfantine. La fête profane du commencement de l'année s'accomplit le 6 janvier.
jour de l'Épiphanie, ou plutôt c'est le 5 au
soir qu'elle commence. On la nomme *Befana.*
Est-ce une corruption du mot Épiphanie ? C'est
possible ; en tous cas, la *Befana* des Romains
n'a rien de commun avec la fête des Rois.

La *Befana*, m'a-t-on dit, est une fée romaine,
parente éloignée du père *Janvier*, qui, la veille
des Rois, apporte des étrennes *ai fanciulli be-
nedetti* (aux enfants sages). Au Transtévère

aussi, elle a la spécialité de procurer des maris aux filles menacées de n'en pas trouver facilement. Les *Minente,* comme on les appelle, ne manquent jamais, à cette époque, de mettre deux oreillers à leur lit, dans la pensée que la *Befana* leur enverra un mari.

Mais tout autres sont les faveurs que dispense aux Romains, pendant toute une nuit, la *Befana* populaire, celle que tous connaissent, petits et grands, et que tous célèbrent avec un égal enthousiasme. Ces faveurs, quelles sont-elles? Eh! mon Dieu! la chose la plus simple et pourtant la plus précieuse : un peu de joie, beaucoup de gaieté, en tout cas, l'oubli pendant quelques heures des préoccupations et des soucis de la vie.

Vers onze heures du soir, sortent des maisons des familles entières : père, mère, enfants, la figure épanouie, l'air ébahi de bonheur. Les magasins, les cafés et les restaurants sont éclairés; la foule circule dans les rues.

C'est la *Befana !*

Sans doute ces gens-là vont boire, manger, se distraire comme les Anglais à Noël et les

Français au carnaval! Point. C'est le petit nombre qui se livre aux graves plaisirs de la table. Les autres comprennent mieux la gaieté.

La *Befana* est folâtre : de petits magasins ambulants offrent aux promeneurs, à raison d'un sou pièce, un assortiment complet de sifflets, de fifres, de mirlitons, de petites trompettes aigres comme du vinaigre, tout ce que la *fée Befana* a pu imaginer de plus criard et de plus discordant. On dévalise les boutiques, sous prétexte d'offrir à ses enfants, à ses amis, à soi-même, quelque chose d'aimable et de galant; chacun se trouve en un clin d'œil muni d'un instrument plus ou moins perfectionné, mais parfaitement bruyant.

Alors, dans la capitale du monde, les descendants de Romulus se livrent à une cacophonie qui n'a de comparable que la vigueur de leur souffle et l'héroïsme de leur courage. Tels, autrefois, les prêtres de Cybèle, aux fêtes de la Bonne Déesse, devaient souffler avec fureur dans les flûtes phrygiennes. Rien ne saurait troubler l'imperturbable gravité avec laquelle les Romains défilent, gardant, au milieu de leur bacchanale, le sentiment de la dignité qu'ils apportent en toutes choses. De temps à autre, il est vrai, la nature est forcée de reprendre ses droits. Quand un virtuose a *befané* de toutes ses forces un quart d'heure sans discontinuer, il s'arrête hors d'haleine, et prononce avec une satisfaction marquée le mot sacramentel : *Befana!!!* Puis, avec un plaisir toujours nouveau, il recommence jusqu'à ce que le souffle lui manque.

Ce qu'il y a de merveilleux, c'est que la *Befana* paraît être épidémique; mais elle n'est pas dangereuse. Je ne voudrais pas aller jusqu'à dire que rien n'est divertissant comme de se promener, même sous le ciel étoilé de Rome, toute une nuit d'hiver, mais j'affirme que je connais plus d'un de nos compatriotes, homme grave, père de famille et des plus respectables, qui n'a pu voir la fête du 5 janvier sans se sentir pris immédiatement de l'envie d'y jouer un rôle actif et bruyant. Si donc il vous était jamais donné de voir à Rome la solennité nocturne de la veille de l'Épiphanie, croyez-moi : n'essayez pas de passer la nuit ailleurs que dans la rue; prenez rang dans le cortége des joueurs de flûte; pour l'honneur de la France, soufflez de tous vos poumons dans une clef forée, et puisse la fée *Befana* vous être favorable ! ! !

Cette fête est peu connue ; elle met en relief un des côtés singuliers du caractère romain, ce mélange de gravité et de simplicité enfantine : naïveté toute primitive conservant, jusque dans les jeux les plus puérils, comme un souvenir de sa grandeur et de sa majesté déchues ; au demeurant, une bonhomie parfaite et une excellente nature. N'est-ce donc rien quand on descend des Pélages, des Sabins, ou tout simplement des vainqueurs de Carthage, de savoir être heureux de si peu, et se contenter, à titre de fêtes nationales, de si honnêtes récréations ?

IV

LE CARNAVAL

L'origine et l'étymologie du carnaval. — Le Corso.
— Les *confetti* et les bouquets. — Les prome-
nades en char. — Les courses de chevaux. —
Senza morco'o. — Mascarades. — La *festa di ballo.*

Les jeux publics forment une partie essen-
tielle et caractéristique de la civilisation d'un
peuple.

Il n'y a plus au monde de carnaval qu'à
Rome. Partout ailleurs, le temps, la monotonie, la mode, l'ont dénaturé ou réduit à néant.
Tont le monde connaît, de réputation au moins,
le carnaval romain, ce temps heureux que,
dans sa langue proverbiale, le peuple assimile
à Noël et à Pâques : *Il santo Natale, la Pasqua,
ed il santissimo Carnovale* ; tel est le dicton.

Je ne discuterai pas la grave question de savoir

1. Le saint jour de Noël, la Pâque et le très-saint Carnaval.

si carnaval vient de *Carnis levamen* (soulagement de la chair), comme le veulent les savants et les théologiens, ou de *Carne aval* (aval de la viande), comme le prétendent les gens facétieux, ou de *Carne vale* (adieu à la viande), qui est le sens italien ? Je ne me charge pas de décider la question ; toujours est-il que nul carnaval n'est plus gai, plus joyeux, plus pittoresque que celui de Rome, nul aussi plus honnête et plus étranger aux ignobles réjouissances de nos grandes villes.

Quelle que soit d'ailleurs l'étymologie du *santissimo Carnovale*, il n'est pas douteux que son origine ne se perde dans la nuit des temps, et qu'il ne remonte au moins à Eleusis et à Bacchus, pour ne pas dire à Saturne. Mystères, Bacchanales, Saturnales, fêtes de la Bonne Déesse, n'étaient alors que des variétés du carnaval. Les plus graves personnages de la vieille Rome y prenaient une part active, et sous prétexte de satisfaire leur dévotion, aucuns ne dédaignaient de se travestir et de se livrer, en l'honneur du dieu, à des licences sans nom.

Les Romains d'aujourd'hui n'ont gardé que le travestissement, plus une bonne et franche gaieté dont nul n'a à rougir. C'est d'ailleurs au grand jour et en plein Corso qu'ils célèbrent les fêtes du dieu Carnaval, et tous s'y peuvent initier à volonté.

Aussi n'ont-ils garde d'y manquer, pour peu que le soleil et le beau temps se mettent de la partie. Ces joyeuses assises de la folie durent neuf jours, le vendredi et le dimanche exceptés. Qu'importe que la pluie tombe un jour? Le lendemain le ciel n'en sera que plus radieux, la foule plus nombreuse et la fête plus brillante.

A deux heures, il est enjoint à quiconque veut s'amuser de se rendre au *Corso*. La cloche du Capitole donne le signal et annonce le retour solennel du carnaval. Tout à l'heure, le sénateur qui préside aux destinées de la ville va descendre dans le cours, escorté d'un brillant cortége. C'est à lui que revient l'honneur d'ouvrir le carnaval. Ne vous semble-t-il pas qu'il s'agit de quelque événement important, et que la voix du sénat va retentir comme au temps antique? *Caveant consules ne quid respublica detrimenti capiat?*

5.

Rassurez-vous, la patrie n'est en danger que de trop s'amuser. Les Anglais du monde entier sont venus secouer ici leur spleen : partout des maisons pavoisées, des fenêtres ornées de draperies, regorgent de spectateurs. Les sombres palais romains ont ce jour-là un aspect tout à fait inaccoutumé et vivant; à leurs larges ouvertures apparaissent des profils de camées antiques ; princesses, grandes dames, héritières des grands noms romains, toute l'aristocratie de la cité.

Au rez-de-chaussée, devant les magasins et les boutiques, des estrades et des tribunes richement décorées; là, au milieu du velours, des crépines d'or, des tentures blanches, s'étagent, radieux de jeunesse et souriant de bonheur, de frais visages de jeunes filles. Celles-ci ne se donnent pas pour d'opulentes patriciennes: ce sont tout simplement les filles, les femmes ou les parentes de la bourgeoisie du Corso; mais quels traits réguliers et fiers, en même temps quelle grâce et quel charme ! Quels minois éveillés, intelligents et fins ! quels doux regards ! quels mouvements de cygne ! la *morbidezza* italienne dans toute sa splendeur.

Toutes ou presque toutes ont revêtu les frais
costumes d'Albano ou de Frascati : les jupes
éclatantes, les corsages rouges, les fichus de
dentelle, dans les cheveux toutes les roses du
printemps ! Vous diriez une fête de Léopold
Robert. Pas une tête qui ne soit à peindre.
On ne connaît pas le type romain si on n'a vu
le Corso un jour de carnaval.

Mais on n'est pas là pour faire de l'esthétique
et admirer de jolies femmes ! Regardez la rue ;
une foule compacte se presse sur les trottoirs ;
des curieux escaladent des chaises louées à
prix d'argent ; sur la voie, des voitures décou-
vertes, calèches, chars-à-bancs, chariots gro-
tesquement empanachés promènent des masques, des pierrots, des bouffons, des polichi-
nelles.

De la place du Peuple à celle de Venise, sans
repos ni trêve, s'agite, se mêle, se presse, se
coudoie, se bouscule, se fuit, s'échappe avec
des ondulations innombrables, une mascarade
bizarre qui, tout à l'heure, va se faire une
guerre à mort.

Les hostilités sont commencées.

Alors, entre les maisons et la rue, entre les voitures et les piétons, bombardement général ! Les *confetti* de plâtre tombent à pleines poignées ; ils s'échangent des balcons aux voitures, des voitures aux balcons, avec une *rabbia* tout italienne, sans souci pour les yeux et les costumes. Surtout ils s'acharnent sur les passants, sur les étrangers novices, dont les visages non masqués, les paletots et les chapeaux noirs semblent braver le danger ; c'est à qui offrira sa poitrine ou, mieux encore, sa tête aux coups de l'ennemi. Les plus enfarinés sont les plus courageux. Qu'on dise encore que les Italiens lâchent pied au premier feu.

Avec les femmes, la guerre se fait à armes plus courtoises. Qui pourrait dire les bouquets, et les bonbons et les sourires, et les œillades, et parfois les sonnets, qui s'envolent vers les estrades et les balcons, pourvu qu'ils ne soient pas trop hauts ? le tout, bien entendu, à charge de revanche. Puis ce sont des hurrahs, des lazzi, des cris joyeux, des éclats de rire sonores qui se mêlent aux fanfares des

voitures et aux musiques militaires installées
dans les carrefours. Nul désordre, pas de ca-
rabiniers, encore moins de sergents de ville ;
rien de trivial ou de bas, nulle inconvenance ;
une gaieté de bon goût et de franc aloi conservant, au milieu même de la folie, la décence
et la grâce.

Un coup de canon retentit ! Les chars dispa-
raissent ; la foule s'éclaircit ; les héros du carnaval secouent la poussière du combat, les
dominos se dépouillent de leur casaque blanche ; tout à coup une charge de dragons s'élance
dans le Corso, et chacun de se ranger sur le
trottoir ; par ce procédé que je recommande
fort aux bourgeois de Paris, instantanément la
chaussée est libre.

Place aux *Barberi* [1] *!*

1. Les courses de *Barberi* paraissent remonter directement
à celles que les Romains exécutaient sur les gazons du Champ de
Mars au bord du Tibre et qui s'appelaient *Equiria*. Cet usage de
faire courir des chevaux libres au bord du fleuve existait encore au
vii° siècle ; quand Jules II fit bâtir la rue Julia, il fallut transporter
les courses dans la rue du Corso, qui datait de Paul II. Elles lui
ont donné son nom, et, depuis lors, elles n'ont cessé d'avoir lieu
en cet endroit-là même. (Voir Ampère, *l'Hist. rom. à Rome*, t. 1,
p. 304.)

Ce sont des chevaux noirs comme la nuit, sauvages comme leur nom et rapides comme la pensée. A la place du Peuple, après les avoir contenus à grand'peine, on leur ouvre la carrière; ils partent libres de tout frein, sans cavaliers comme sans entraves; je voudrais pouvoir ajouter sans autre stimulant que celui du triomphe qu'ils vont se disputer; mais la vérité m'oblige à dire qu'on leur applique sur les flancs des aiguillons et des dards destinés à activer leur course, et que

> . . . . . Sur leurs brunes croupes,
> On met rapidement de brûlantes étoupes
> Qui, pour les libres flancs de l'agile coursier,
> Sont un cavalier à l'éperon d'acier.
>
> E. Deschamps.

Qu'importe? Ivres de liberté, de douleur ou de gloire, ils partent, ils volent; déjà ils sont passés. Le vainqueur a touché du front la toile tendue à la place de Venise pour arrêter sa course. « Cela fait peur, disait madame de Staël, comme si c'était la pensée sous cette forme d'animal. » La vérité est qu'ils passent trop vite, et que, n'étaient les étincelles jaillis-

sant du pavé sous leurs fers, personne ne pourrait se vanter de les avoir vus. Heureusement
le vainqueur est ramené en triomphe : on peut
le voir alors couvert de feuillage et de clin-
quant, les naseaux écumants, l'œil ardent,
fier comme un héros de Pindare, s'avançant
lentement à travers les fanfares, les acclamations et les fleurs que lui prodigue la foule.

Je l'avoue, j'aime ces courses libres, où
l'entraînement et le maquignonnage des joc-
keys n'ont rien à faire. La nature est ici lais-
sée à ses propres forces, et je vous jure qu'elle
ne se montre plus fière et plus prodigue ni à
Epsom ni à Chantilly. Les Romains n'ont pas,
que je sache, encore souci du sport et des ex-
centricités britanniques. Ils préfèrent leur carnaval et leurs chevaux sauvages. M'est avis
qu'ils ont raison.

Au mardi gras, quand la dernière course est
finie, un salut solennel appelle les fidèles à
l'église du *Gesù*, toute voisine du Corso. C'est
encore un trait de mœurs. L'immense sanctuaire n'est pas assez grand pour contenir la
foule qui s'y presse, et cette foule est la même
qui tout à l'heure folâtrait dans la rue. On

chante le *Te Deum* pour remercier Dieu de
s'être tant diverti. Demain les cendres et le
carème viendront purger les joies du mardi
gras. Ainsi va la vie.

Mais tout n'est point fini : il s'agit d'enter-
rer le roi des fous : *il maestro Berlingaccio* (maître
Carnaval). Ses funérailles se font à la lueur des
moccoli. La nuit est survenue, mais les *moccoli*
feraient pâlir la lumière du soleil. « Ce sont,
dit M. Lafond, de petites bougies allumées
qu'on tient à la main. » Mais ce n'est pas le tout
que d'avoir son *moccolo* ; il faut éteindre celui
du voisin et conserver le sien ! mouchoirs,
chapeaux, bouquets, confetti, tout s'emploie
avec fureur à cette fin ; l'infortuné qui a sa
bougie morte est montré au doigt, et on lui
crie aux oreilles avec dérision : *Senza moccolo!*
senza moccolo ! la bella principessa e amazzata! che il
signore cavaliere sia ammazzato [1] *!*

— *Eh! eh eh ! senza moccolo !* s'écrient les uns.

— *Ecco il moccolo*, répondent les autres en

1. La belle princesse est morte! que le seigneur cavalier meure
à son tour.

— Eh! eh! sans bougie.

— Voilà! voilà la bougie.

rallumant leurs bougies. C'est une frénésie
générale. Les cochers ont des *moccoli* au bout
de leurs fouets ; on grimpe derrière les voitures, pour les éteindre, à l'aide d'éteignoirs
au bout d'une perche. On escalade les balcons et les estrades pour souffler la lumière
de tel ou tel qui ne se méfie de rien, et pendant ce temps, c'est vous-même qui vous trou-
vez *senza moccolo*. Et de rire ! Comme si chose
plus désopilante ne s'était jamais vue.

Puis, quand les bougies sont éteintes, viennent les masques, les personnages de comédie,
la fantaisie et le roman. « Vous rappelez-vous
l'ébouriffante description du carnaval romain
que fait Hoffmann dans la princesse Brambilla,
ce joyeux caprice, où il réunit la rêveuse fantaisie allemande à l'intarissable bouffonnerie
italienne ? Nous avons cherché dans le Corso la
charmante Giacinta Soardi et l'ingénieux char-
latan Celionati et l'aimable Giglio Favo, ce
prince de comédie, ce roman ambulant, cette
intrigue sur deux jambes, cette aventure animée qui saute du livre dans la réalité, et ap-

paraît aux belles lectrices quand elles font claquer le livre en le refermant. »

Voici sur la place Colonna de joyeuses saltarelles tournant en cadence au bruit du tambour de basque ; voici des troupes de musiciens et des chanteurs, et des bandes comiquement travesties. Voici venir des bouffons fort spirituels, ma foi, qui décochent à la foule, sous forme de lazzi, de bonnes vérités et des plaisanteries encore meilleures. C'est un notaire qui lit dans quelque grimoire le testament comique du *signore Berlingaccio* (seigneur carnaval). C'est un apothicaire, son instrument en main, qui fait part aux assistants des ordonnances, remèdes, médecines et autres choses encore qu'il convient de lui administrer ; et alors vient le récit de toutes les maladies physiques et morales de l'année.

Le proverbe romain dit qu'en carnaval toute bouffonnerie est bonne :

Nelle carnovale [1]
Ogni burla vale

1. En carnaval toute farce est bonne !

Mais les ennemis du saint-père, oppresseurs naturels de l'Italie et de la liberté, prennent quelquefois le proverbe à rebours, et, sous peine de bombe fulminante et de coups de poignards, on les a vus défendre parfois aux Romains de *carnovaleggiare*. Mais les Romains sont fiers de leur carnaval et jaloux de leurs libertés ; les Romains n'entendent pas être régentés, et les Romains ont raison. Une année que des placards menaçants avaient voulu imposer à la ville la tristesse et l'ennui, la ville protesta en jetant plus de confetti, de lazzi et de fleurs que de coutume.

L'auteur des *Lettres d'un pèlerin* raconte même, et nous lui empruntons textuellement son récit, « qu'une mascarade avait été improvisée ; mais elle fut défendue, parce que les masques étaient trop transparents. On reconnaissait des figures contemporaines sous les types obligés de la comédie italienne, Arlequin, Giangurgolo, Cassandrino, Pulcinella, Capitano Spavento, Pasquin, Pantalon, Scapin, Truffaldino, Brighella Graziano, dottore Pedrolino, Tartaglia, Scaramuci, Tabarino, Stenterello. etc.

» On voyait là un roitelet italien qui, perché

sur l'épaule d'un géant gaulois, escamotait lestement une couronne tellement large pour sa tête, qu'elle tombait sur ses longues moustaches, tandis qu'il essayait de chausser la botte italique, au fond de laquelle il s'engloutissait jusqu'au cou. Près de lui, son premier ministre Cavourino crevait d'indigestion pour avoir voulu mettre les morceaux doubles, oubliant ce mot d'un prince de Savoie, que l'Italie est un artichaut qu'il ne faut manger que feuille à feuille. Près de son roi, sous le costume de Capitano Spavento, gambadait Garibaldi, tour à tour mis en avant, désavoué, encouragé, renié et battu, pantin général aux mains de Mazzini, le joueur de marionnettes italiennes. »

Ordinairement les fêtes du carnaval se terminent au théâtre d'Apollon par une *festa di ballo* [1], où masques, dominos et habits noirs se promènent fraternellement au son d'un excellent orchestre.

Vous pensez au bal de l'Opéra ! vous en êtes aux antipodes ! La fête consiste à rire beau-

1. Fête de bal.

coup, à s'intriguer un peu et à ne pas danser
du tout. Du reste, pas un geste inconvenant,
pas un mot léger : une vertu toute romaine ! A
minuit, le carême commence; chacun rentre
chez soi.

Demain, tous ces gens-là vont s'agenouiller
et se souvenir qu'ils ne sont que *cendre et poussière*. Tel s'accomplit chaque année le carnaval
à Rome.

FÊTES DIVERSES

Le retour de Pie IX. — Anniversaires. — Les Illuminations. — La *Girandola*. — Le Colisée aux
feux de bengale. — Les fêtes cardinalesques.

Puis le carême écoulé reviennent successi-
vement, toujours gaies, toujours impatiem-
ment attendues, toujours anciennes et toujours nouvelles, les fêtes consacrées par l'usage
et par la tradition.

En premier lieu il faut citer le 12 avril, cet
anniversaire béni, destiné à célébrer le retour
de Gaëte du bien-aimé Pie IX, et sa préser-
vation miraculeuse de l'accident qui faillit le
faire périr à Sainte-Agnès hors des Murs. Ce
jour-là, la ville est en fête; les rues sont décorées d'arcs de triomphe, de banderoles,

de devises. Chaque rue, chaque maison, chaque fenêtre semblent rivaliser. C'est à qui tentera par ses décorations, ses transparents, ses illuminations, ses feux de couleur, de témoigner plus d'amour au père commun, dont le nom est dans tous les cœurs et dans toutes les bouches.

Il n'y a rien ici d'officiel ; point de lampions de commande ; pas de crieurs patentés : partout l'expression naturelle, spontanée et irrésistible de la joie et de la reconnaissance.

L'illumination du 12 avril est la plus splendide après la *luminara* de Saint-Pierre ; surtout elle est générale. Au forum, l'antique Capitole et le sombre Colisée profilent leurs murs croulants sous les lueurs rougeâtres d'un incendie simulé. La place de Venise élève jusqu'au ciel ses arcs de triomphe, la tour de l'*Aracœli* sa croix lumineuse, le Panthéon son gigantesque transparent : pas une rue qui ne soit éclairée à *giorno ;* pas un monument, pas un palais qui ne soit en feu.

Le dimanche qui suit Pâques, un feu d'artifice est tiré au sommet de la terrasse du

Pincio, et le jour de la Saint-Pierre le successeur du pêcheur de Galilée rend à sa bonne
ville de Rome la même politesse. C'est, pour
parler italien, la *Girandola.* Traduisez ce mot
par chefs-d'œuvre de pyrotechnie italienne,
laquelle, comme chacun sait, est la première
du monde.

Imaginez, en présence de la foule immobile
sur la place du Peuple, les canons tonnant
au fort Saint-Ange, les châteaux embrasés
apparaissant sur la montagne, les jets de
feu, les gerbes étincelantes, les cascades de
flamme se précipitant du ciel, les comètes,
les météores s'élançant dans l'éther, les bouquets de diamants, de rubis, de topazes, les
fleurs aux couleurs innombrables éblouis-
santes de clarté, puis tout à coup, au milieu
de toutes ces vaines et fugitives splendeurs,
la croix se dressant immense, immobile,
victorieuse et stable à travers l'embrasement
général de cinq mille fusées, lancées à la fois
des points les plus opposés.

Voilà la *Girandola!* Voilà la fête qui célèbre
chaque année avec la victoire du Christ l'allégresse du monde!

Ces feux de triomphe valent bien les réjouissances du cirque et les lueurs immondes qui, dans les jardins de Néron, délectaient les courtisans de César.

Tous les étrangers, à commencer par le guide Murray, vous diront qu'on n'a rien vu si on n'a contemplé, sous *les rayons blafards de la lune*, les ruines du Colisée. La vérité m'oblige à confesser, toute prévention romantique à part, que, quand le ciel veut s'en donner la peine, les effets de lune à Rome sont très-convenablement réussis.

C'est pourquoi il n'est pas rare de rencontrer le soir des touristes anglais, accomplissant en famille les divers pèlerinages des clairs de lune recommandés. Ces insulaires visitent ainsi *lucente luna* la place Saint-Pierre, le Panthéon, les degrés de la Trinité du Mont, le Capitole et le Forum ; pour le bouquet, ils vont s'asseoir sur les gradins en ruines du Colisée.

Si par aventure le ciel est sombre, ou la pleine lune trop éloignée, on voit de riches habitants d'Albion simuler, au moyen de feux de Bengale, un incendie dans l'amphithéâtre de

Flavien. C'est une distraction qui, pour être
renouvelée de Néron, n'en a pas moins le mérite d'être en elle-même fort innocente ; si elle
plaît aux Anglais qui daignent la payer de leurs
guinées, il est juste de dire qu'elle n'est pas
désagréable non plus aux Romains, à qui elle
ne coûte rien. C'est un des mille petits événe-
ments qui viennent rompre l'uniformité d'une
douce existence.

A Rome, d'ailleurs, si on voulait énumérer
toutes les fêtes, du moins tous les petits bon-
heurs, dont se compose pour les Romains la
trame dorée de leur vie, il faudrait citer tous
les jours ; par exemple, la promotion d'un
cardinal est l'occasion de fêtes nombreuses
et brillantes pour le quartier dans lequel se
trouve son palais. Pendant la réception of-
ficielle, deux orchestres, l'un de symphonie,
l'autre d'harmonie militaire, disposés dans la
rue, célèbrent l'honneur fait au nouveau
prince de l'Église. Le peuple s'en réjouit et la
fête marque pour lui comme un événement
national. C'est ce qu'on nomme une *fête cardinalesque*.

VI

LES FÈTES D'AUTOMNE

La *villegiatura*. — Les parties de campagne. — L'inondation de la place *Navone*. — Les courses en char. — La *voie Flaminienne* aux fêtes d'automne.

Puis vient le printemps avec son ciel d'azur, son soleil éclatant, son parfum et ses fleurs. Les palais et les jardins, situés à une faible distance de la ville, s'ouvrent à certains jours au public. Là, sont accumulées toutes les richesses de l'art, toutes les merveilles de la nature : statues, vases précieux, fontaines de marbre, fabriques pittoresquement jetées au bord des eaux jaillissantes. On peut aisément, en ces beaux lieux, rêver qu'on est poëte et croire à l'âge d'or.

Le plus grand nombre recherche les frais

ombrages de la *villa Borghèse*, ce splendide jardin, ce palais enchanteur, ouvert avec une hospitalité digne du prince qui l'offre et des Romains qui la reçoivent. Nos Parisiens font d'ingénieux rapprochements entre la *villa* et notre bois de Boulogne. Pauvres Parisiens et pauvre bois de Boulogne !

Veut-on s'éloigner davantage? Heureux ceux à qui il est donné de fuir loin de Rome les chaleurs de l'été. Ceux-là vont passer en *villegiatura*, au bord des lacs, au pied des montagnes et des bois, le temps de l'*aria cattiva*[1]. Ainsi fait le saint-père, qui, deux mois de l'année, séjourne dans l'admirable résidence de *Castel Gandolpho*.

Ceux à qui la fortune ou toute autre circonstance ne permettent pas ces loisirs, s'échappent du moins de la ville à certains jours. C'est l'époque des parties de campagne.

On court aux cascatelles de Tivoli, à Frascati, à Albano ! Rien de plus pittoresque. On s'arrête dans quelque *osteria* isolée au bord d'une route : rien de plus réaliste. C'est une cave

---

1. Le mauvais air.

voûtée, à peine pavée de pierres inégales, où la lumière se joue à travers les toiles d'araignées et la poussière. On s'assied en famille autour d'une grande table noire, enfumée, primitive, sur des bancs éclopés et boiteux, et on déguste quelques bouteilles d'un vin clair et doré comme le soleil qui l'a produit. En voilà assez pour être heureux pendant six semaines.

Les chaleurs de l'été ramènent chaque semaine un divertissement aquatique fort goûté des Romains. La place *Navone* occupe une partie de cet espace jadis couvert de marécages et de prairies, qui forme aujourd'hui encore un enfoncement, dont l'église *Sant' Andrea della Valle* garde le souvenir. Là s'étendit plus tard le cirque d'Alexandre Sévère, dont l'arène immense, transformée en naumachie, offrait au peuple-roi le spectacle d'une mer en miniature, sur laquelle les monstres marins, les trirèmes magnifiques, les vaisseaux de guerre chargés de gladiateurs se livraient à d'effroyables mêlées.

La place *Navone* ou *Agonale* a conservé, avec

la forme du cirque, le souvenir et le nom de
sa destination première. Là, au mois d'août,
tous les samedis et les dimanches, on peut
voir encore la moitié de l'enceinte du cirque
inondée et transformée en lac, comme au temps
d'Alexandre Sévère, sous les eaux jaillissantes
des monstres de bronze qui décorent ses fontaines. Pour se divertir et chercher de la fraîcheur, les Romains d'aujourd'hui se plaisent à
parcourir en voiture ou même à pied cette
même place *Navone*, artificiellement inondée,
où les anciens Romains célébraient leurs fêtes
nautiques. On se jette de l'eau à la figure; les
chevaux se croient transformés en hippopo-
tames et les Romains en tritons! Vous diriez
des écoliers en vacances !

Viennent maintenant les vendanges, vienne
surtout le mois d'octobre, le plus beau et le
plus doux temps de l'année à Rome. Le sol,
rafraîchi par les pluies de septembre, semble
se parer, comme au printemps, d'une verdure
nouvelle.

C'est le temps où des troupes joyeuses parcourent les campagnes, vêtues de couleurs

éclatantes, la tête couverte de fleurs et de rubans. Au son de la mandoline ou du tambour de basque, on forme des saltarelles, on chante de gais refrains ou des ballades populaires : *Vira ottobre che spassa ci da*[1]*!* On se croirait à l'époque de l'âge d'or ; c'est admirable de couleur, de mouvement et de poésie.

Trop de poésie ! On dirait que ces gens-là sont tous parents des modèles qui composent la moisson ou les vendanges de Léopold Robert. En s'empilant par étages dans des *carretelles* pour s'amuser, rire et *festivaler* à *Monte Testaccio*, ils s'arrangent toujours pour former un tableau pittoresque. En toutes choses, il semble que les Romains aient conservé les traditions de l'art ; le discernement et le goût du beau leur est comme naturel et inné.

A la Porta Pia défilent des équipages et des carrosses qui s'échelonnent ensuite sur la voie Flaminienne, le long des osteries et des auberges. C'est le Longchamp des petits-fils de Fabius et de Scipion. Il est entendu que ces jours-là un Romain qui se respecte doit être hors de chez lui.

1. Vive octobre qui nous amène ses fêtes !

Pour retrouver l'origine de ces fêtes d'octobre, il faut remonter jusqu'aux fastes d'Ovide et aux traditions virgiliennes d'Anna Perenna, faussement confondue par le poëte avec la sœur de Didon.

« C'est cette nymphe latine, dit M. Ampère, dont le peuple romain, au temps d'Ovide, célébrait la fête en allant boire et se divertir à un mille de Rome, sur la voie Flaminienne. Ovide fait de cette fête une peinture animée et familière, qui rappelle les amusements populaires des Romains de nos jours, quand, par exemple, au mois d'août, ils vont boire et se réjouir du même côté de Rome, dans les hôtelleries de la voie Flaminienne, sur la route de *Ponte Molle*.

Quelques détails de cette joie populaire décrite par Ovide se retrouvent dans les divertissements actuels des Romains, entre autres celui-ci : « Ils chantent ce qu'ils ont entendu au » théâtre. » Il faut le dire à l'honneur des Romains modernes, Ovide ne les verrait plus revenir chancelants par l'effet du vin, et ne rencontrerait plus une vieille femme avinée traînant un vieil ivrogne. Les Romains boivent, mais on ne les voit jamais ivres dans les rues. »

Nous avons énuméré avec quelque complaisance les fêtes de Rome, ses solennités et ses réjouissances publiques. C'est qu'en effet les réunions populaires reflètent, à peu de chose près, les habitudes et les mœurs d'un peuple. Elles ont, d'ailleurs, l'avantage de présenter dans leur ensemble les caractères généraux et typiques que la vie privée ne montre pas toujours.

On se demande quelquefois d'où vient le charme mystérieux qu'exercent sur les étrangers la vie de Rome et le spectacle de ses mœurs. Le secret de cet enchantement, duquel beaucoup se défendent, mais auquel bien peu échappent, n'est pas difficile à pénétrer. Rome est plus qu'une ville, c'est un monde. On y trouve dans sa grandeur le souvenir de ces siècles où l'Église, dominant la société, l'humanité civilisée tout entière, se confondait dans le langage des hommes avec la chrétienté. On y admire dans un peuple, doué par Dieu de la manière la plus heureuse, la communauté des croyances se perpétuant sans s'affaiblir, et l'unité profonde des passions généreuses se communiquant de génération en génération sans se refroidir. On sent qu'on est dans un lieu que Jésus-Christ n'a choisi pour y faire régner son représentant que parce qu'il y trouvait, dans l'âme même de la nature, les deux grandes qualités d'un peuple chrétien, la foi de l'esprit et les brûlantes ardeurs de l'âme : et on est enchanté de retrouver l'humanité avec ses goûts naturels, ses joies naïves et ses fantaisies charmantes sous la grandeur de ce peuple, et malgré l'importance de ses privilèges et de son rôle.

COUTUMES, MŒURS, TRADITIONS

I

LA LOTERIE

Un moyen facile mais peu certain de s'enrichir.
— Usage et abus de la loterie dans toute l'Italie.—
Le tirage de la loterie. — Les combinaisons des
joueurs. — La superstition populaire.

Qui ne connaîtrait des Romains que leurs
plaisirs les connaîtrait mal. Leurs goûts, leurs
habitudes, leurs préoccupations, leur vie quotidienne, leur caractère intime, ont un intérêt
non moins grand pour l'observateur.

La loterie, avec ses espérances de fortune,
ses péripéties et ses vicissitudes, joue, il faut
en convenir, un grand rôle dans la vie des
plébéiens romains. Je connais même plus d'un
patricien à qui il ne déplaît pas de se livrer
chaque semaine aux douces émotions du terne
et de l'ambe, dans l'espoir d'arrondir son patri-

moine. « C'est que la loterie, dit un homme d'esprit, est le plus court chemin de la misère à la richesse. » Il en est de plus sûrs : il n'y en a pas de plus direct. La plèbe romaine évite les autres et se coudoie dans celui-là.

Dieu me garde de toucher aux questions économiques ou morales que soulève cette forme d'impôts. Il est clair qu'elle ne vaut rien, et nul ne la défend. Le fisc ne gagne pas ce qu'y perdent les mœurs publiques, l'esprit de travail et d'économie, et la richesse générale elle-même. Cependant, il est juste de dire que la loterie ne subsiste à Rome que parce qu'elle a été maintenue dans toute l'Italie. Benoît XIII l'avait abolie, mais le goût du jeu était si fort ancré chez les populations de la Péninsule, que les Romains prenaient leurs numéros dans les États voisins. Les finances de la Toscane et du royaume de Naples profitèrent seules de cette abolition, qui demeura stérile pour les États pontificaux.

Supprimer la loterie est le vœu le plus ardent de Pie IX, qui n'attend qu'un moment propice pour reprendre et couronner l'œuvre de son prédécesseur. La révolution qui lui enlève ses ressources et confisque ses États, en lui imposant de nouvelles charges, n'a garde de lui faciliter une réforme qui servirait également la cause de la morale et celle de la religion.

Après tout, l'impôt de la loterie, si mauvais qu'il soit, n'est payé que par ceux qui le veulent bien. D'un autre côté, le goût de l'argent et le désir d'en gagner sans peine ne sont pas un trait de mœurs particulier aux Romains seulement; le jeu et la loterie donnent lieu en tous pays aux mêmes passions ; ils revêtent la même forme. La physionomie des joueurs, leurs infaillibles espérances, leurs superstitions, leur désespoir et leurs serments cent fois prêtés, cent fois violés, sont les mêmes à Rome qu'à Bade, à Spa ou à Hombourg.

Il y a, toutefois, une différence entre la roulette et la loterie : la roulette tourne constamment ou à peu près en Allemagne ; en Italie le tirage n'a lieu qu'une fois tous les quinze jours.

On peut aisément se figurer l'attente du

peuple quand les cinq numéros sont extraits de
la roue de la Fortune. C'est un curieux spectacle que celui du tirage : on y voit de bonnes
figures et on y entend de curieuses réflexions.
Les uns injurient les numéros sortants : d'autres maudissent ceux qu'ils ont choisis ; ce
dernier parti me semble plus logique ; par
contre, un petit nombre s'obstine à trouver
merveilleux, quand même, les combinaisons de
leur choix et le terne de leur cœur ; mais tous
s'en prennent au sort, à l'injuste et capricieuse
fortune, et profèrent contre la loterie des serments qu'ils violeront au prochain bureau.

Mais peut-être ne sera-t-il pas inutile de résumer en quelques mots la théorie de ce jeu,
que les archéologues connaissent seuls en
France. Qu'il nous soit permis d'emprunter ces
quelques lignes à l'auteur de *Rome contemporaine.* « Le samedi, à midi, devant le ministère
des finances, sous les yeux du peuple assem-
blé, une commission, présidée par le représentant du prélat, ministre des finances, extrait cinq numéros d'une roue qui en contient
quatre-vingt-dix. Parmi les joueurs empres-
sés qui assistent au tirage, l'un a joué l'extrait

simple, c'est-à-dire parié que son numéro sortirait dans les cinq. Si son numéro est sorti, il a gagné treize et quatorze fois sa mise. Un autre a joué l'ambe; il a choisi deux numéros et parié qu'ils sortiraient tous deux de la roue. Un autre a joué le terne, en choisissant trois numéros; il gagne plus de cinq mille fois sa mise. Je vous fais grâce des autres combinaisons, telles que le premier extrait, l'ambe et le terne déterminé. Qu'il vous suffise de savoir ceci : un homme qui saurait deviner d'avance trois des cinq numéros qui sortiront samedi prochain, pourrait acheter 100,000 francs pour un louis. C'est, si je ne me trompe, le maximum des gains possibles [1]. »

Tout Romain se met l'esprit à la torture pour prévoir les numéros qui sortiront. Jusqu'au jeudi soir, à minuit, ils se creusent la cervelle. Dans chaque quartier sont ouverts des bureaux de loterie, invitant les badauds, à grand renfort d'affiches, de réclames et d'annonces, à profiter de la chance de la dernière heure. Des choix de numéros, en caractères gigan-

---

1. *Rome contemporaine*, chap. VI.

tesques, sont inscrits aux vitrines des bureaux ; ce sont les bons ! prenez-les ! c'est aujourd'hui la clôture ! Vous ne pouvez manquer
de gagner ! Ce serait folie de ne pas profiter
d'une occasion aussi extraordinaire ! La raison
est trop péremptoire pour ne pas réussir, et
elle réussit. Au dernier moment, les bureaux
sont toujours encombrés.

Mais sur quels numéros faut-il jouer ? Voilà
la grande affaire ! voilà la préoccupation incessante des Romains ! Les savants méditent
pendant des années entières sur la science des
nombres et les rapports des choses. Les accidents de la vie, dont on est témoin, sont des
révélations certaines et infaillibles. Les chiffres
qui frappent l'œil, dans telle circonstance don-
née, l'âge d'un homme qui meurt de mort
violente, divisé par trois, multiplié par cinq,
auquel on ajoute dix, à moins qu'on ne re-
tranche deux ; les rêves de la nuit qui précède
le jeudi ; la vue d'un chat noir sur un mur ; les
aboiements d'un chien pendant la pleine lune ;
le numéro d'une maison ensorcelée ; une sou-
ris qu'on entend ; une araignée qu'on rencon-

tre : voilà des signes positifs et précieux qu'il ne faut pas négliger et sur lesquels s'exercent, avec une patience toute romaine, les recherches et les combinaisons. Il faut consulter les sorts et se garder de dédaigner les oracles du destin. Les aruspices et les augures de la vieille Rome ne tiraient pas du hasard réponses plus ingénieuses et rapprochements plus subtils.

La crédulité et la superstition sont de tous les temps et de tous les pays, et elles n'en valent pas mieux; mais pourquoi en faire exclusivement honneur à la seule ville de Rome? La loterie fleurit aussi bien à Turin, à Florence et à Venise, que dans n'importe quelle ville pontificale. Qui ne sait qu'à Paris, la ville des lumières et des esprits forts, quand un homme se pend, la corde est coupée en ficelles, en fils, divisée à l'infini, vendue par parcelles au poids de l'or, et qu'à peine peut-on satisfaire tous les amateurs de *cordes de pendus* qui se présentent? Il y a quarante ans, quand la France, elle aussi, avait le bonheur de posséder l'institution de la loterie, nos cui-

sinières et nos concierges, à la poursuite des
ambes et des ternes, eussent, en matière de
superstition, rendu des points aux sibylles romaines elles-mêmes.

Mais à Rome, on prie aussi les saints et on
invoque la madone avant de choisir ses numéros. Beaucoup pensent même, superstition
sacrilége!!! qu'il n'est pas défendu de s'adresser au bon Dieu en personne pour obtenir de
gagner à la loterie. Voilà ce qui scandalise
surtout nos libres penseurs. Ils excuseraient
volontiers encore le jeu et ses piéges gros-
siers, où tous se laissent prendre, mais l'invocation ! fi donc !

— Quoi, disent-ils, vous abaissez Dieu à
vos misères, et vous mêlez la religion aux actes
les plus ordinaires de la vie !

— Oui ! où est le mal ?

Je dois amuser prodigieusement ceux qui
croient Dieu rapetissé par son intervention
dans les choses de ce monde. Mais si la foi
transporte les montagnes, comment la prière,
confiante et fidèle, loin d'être une profanation,
ne serait-elle pas exaucée ? En France même,
est-ce que la mère ou la sœur du conscrit ne

brûlent pas des cierges pour lui amener un bon numéro, à cette loterie de la conscription, bien autrement fatale que celle de la fortune ?

Telle subsiste encore la foi chez nos paysans bretons ; telle elle se montre à Rome, sans fausse honte et sans respect humain.

———

II

LA JETTATURA

Le mauvais œil. — Origine antique de la fascination. — Les jeteurs de sort. — Les préservatifs.
— Les Cornes.

Un mot maintenant sur la croyance populaire des Romains au *mauvais œil* et aux *jeteurs
de sorts.*

La *jettatura* n'est pas née d'hier; je ne veux
pas dire qu'elle en soit plus estimable; mais
elle a du moins le mérite de remonter à une
antiquité des plus respectables. « La croyance
au mauvais œil, dit M. Ampère, existe en Grèce
aussi bien qu'en Italie. Chose remarquable.
la fascination existait en Grèce au temps de
Théocrite, en Italie au temps de Virgile, alors,
comme aujourd'hui, avec des ressemblances

de détails surprenantes. L'analogie même des
termes par lesquels on désigne la fascination
dans les langues des deux pays, prouve, pour
cette absurdité, en Grèce, en Italie, et on
pourrait ajouter en France, chez les habitants
des campagnes, une provenance commune et
une origine antique. Ainsi à Rome, le passé le
plus lointain touche au présent; ce qui a vécu
trente siècles vit encore ; une superstition populaire, qu'on peut rencontrer chaque jour
dans les rues et même dans les salons de
Rome, est plus ancienne que Rome elle-
même.

« S'il est un peuple auquel il soit vraisembla-
ble d'attribuer l'origine d'une croyance populaire répandue dans l'Italie et la Grèce, c'est
assurément ce peuple à la fois grec et italien,
dont les mythes religieux se retrouvent dans l'un
et l'autre pays, depuis l'acropole d'Athènes jusqu'aux environs de Rome; ce sont les Pélasges.
Il n'est pas étonnant, d'ailleurs, que la puissance de nuire par le regard ait été attribuée
à cette race qu'on disait maudite. Peut-être les
Pélasges eux-mêmes ont-ils adopté et propagé
une croyance qui les rendait formidables. Il

est donc naturel que cette croyance ait suivi leurs migrations et se soit répandue dans le pays qui en fut le principal théâtre [1]. »

Tout le monde connait la croyance au mauvais œil ; tout le monde sait que peu de Romains peuvent se défendre d'une certaine inquiétude quand ils rencontrent un homme dont le regard passe pour porter malheur. A cet égard, la démence italienne va si loin qu'elle attribue cette influence funeste au regard si doux du bon et saint pontife qui gouverne l'Église. Mais ceci est une invention de la révolution, et de plus une invention maladroite, car la première condition d'un *jettatore* est d'être heureux en toutes choses, et de ne porter malheur qu'à ceux qu'il approche. Or, Pie IX, il faut en convenir, n'a pas toujours eu à se louer de la fortune, et chacun sait que le peuple italien n'a cessé, au contraire, de jouir d'un bonheur insolent.

On nait, on meurt *jettatore* (jeteur de sorts). On peut, à la rigueur, le devenir ; mais une

1. Ampère. *Histoire romaine à Rome*, t. I.

fois qu'on l'est, on ne peut cesser de l'être. A
la vérité, on n'en est pas plus malheureux,
sauf le cas où l'on voit chacun vous tourner le
dos. Mais d'ordinaire le *jettatore* n'a pas conscience de son état; il n'est ni méchant, ni
querelleur, ni orgueilleux, ni vindicatif, et
n'a envers personne le moindre mauvais vou-
loir. D'autre part, il est de règle qu'il naît
sous une étoile qui, par la plus bizarre des
contradictions, lui sourit d'autant plus à lui-
même, que son mauvais œil est plus fatal à
ceux qu'il approche.

S'il naît pauvre, il ne manque jamais de
faire fortune; riche, il arrive aux honneurs
de la façon la plus naturelle du monde et
meurt octogénaire, sans avoir jamais connu
ni maladies, ni tristesse, ni ennui, sans même
s'être douté de sa fatale puissance. Il n'a pas
pour lui la beauté du visage; c'est même aux
signes extérieurs, qu'avec un peu d'habitude
on peut le reconnaître : figure pâle et maigre,
nez en bec-à-corbin, et surtout gros yeux
ronds à fleur de tête ; voilà le *jettatore* ; mais,
tel qu'il est, il se trouve satisfait de sa personne, et si, par aventure, ses amis et ses pro-

ches lui témoignent peu d'empressement ou cherchent à éviter son regard, il en attribue la cause à tout autre qu'à lui-même.

Le malheur est que, si innocentes et si pures que soient ses intentions, la fascination suffit à produire les plus grands malheurs. Que serait-ce si le fétiche voulait user de sa puissance et jeter avec pleine conscience des sorts à ses ennemis?

Il n'y a point de mal sans remède. On peut toujours conjurer le maléfice, et c'est là que les Romains sont vraiment admirables de crédulité et de confiance.

Rencontrez-vous un *jettatore* ou prétendu tel, il n'y a pas à balancer, il faut lui faire les cornes. A la vérité, il suffit de fermer les mains, en présentant, au jeteur de sorts, le pouce et l'auriculaire, ou simplement le doigt du milieu, tous les autres doigts restant fermés; mais le mieux est d'avoir en sa possession quelque petit simulacre de cornes toutes faites.

La corne était déjà, au temps des Pélas-

ges, le simulacre symbolique et mystérieux,
employé par la religion à protéger les villes,
les maisons, les héritages et même des personnes. On en retrouve en maints endroits du
Latium des spécimens antiques. Sous ce rap-
port, les Italiens ne le cèdent en rien à leurs
ancêtres. De là, cette quantité de cornes de
bœuf travaillées et ajustées à des piédestaux.
De là, cette quantité de bijoux cornus, de
mains fermées moins deux doigts, de cornil-
lons seuls ou géminés qu'on rencontre à tous
les coins de rue de Rome, aux vitrines des
bijoutiers et des marchands d'objets d'art, qui
en font un prodigieux débit. Il y en a en or,
en argent, en jais, en corail, en malachite, de
tous prix et de toute grandeur; on peut les
porter au cou, au doigt, à la chaîne de montre, au bracelet ou même dans la poche; car
l'effet agit à distance. L'important est de se
garantir du mauvais œil, et les Romains n'ont
garde d'y manquer.

C'est peut-être à ce luxe excessif de précau-
tions, qu'il faut attribuer l'innocuité appa-
rente des *jettatori*. Il en est dans Rome plus d'un
que je ne veux pas nommer. Tout le monde

croit à leur maligne influence, mais grâce à la précaution que prend un chacun de leur faire les cornes, les accidents sont si rares, qu'on n'en entend jamais parler.

III

LA MORT

L'heure dernière. — La confrérie de *Caravita*. — La préparation à la mort. — Le *Campo-Santo*. — Les funérailles.

A côté de ces superstitieuses traditions du paganisme, le christianisme semble avoir marqué son empreinte d'une manière bien autrement énergique dans le caractère et les habitudes de la population romaine.

Pour ne citer ici qu'un trait distinctif de ces âmes viriles, nous dirons quelques mots de la place qu'occupent, dans la pratique de leur vie quotidienne, le culte et la pensée de la *mort*. On s'étonnerait de voir avec quelle magnanimité, quelle grandeur d'âme solennelle et sereine, les Romains voient arriver l'heure dernière, si la contemplation incessante des grandes vérités de la religion et la prépara-tion perpétuelle à la mort ne les y avaient, en quelque sorte, familiarisés de longue date. Il semble toutefois qu'en dehors des considéra-tions de la foi, ce soit un privilége de l'Italie de faire paraître moins amère, et comme natu-relle, la nécessité de cesser de vivre au mo-ment marqué.

Pourquoi tant de poëtes, de philosophes, étrangers même à la religion romaine, ont-ils souhaité comme une volupté de mourir sur la terre italienne, et d'y voir reposer leurs dépouilles ? Vain désir ! poétiques et frivoles illusions de la vie, qui n'ont pas dû, j'en conviens, atténuer les anxiétés de la der-nière heure ; mais cette illusion n'est-elle pas déjà une preuve du caractère calme et serein que semble revêtir la mort, en dehors même des sentiments religieux qui en rendent à tous la pensée habituelle ?

Ce qui est certain, c'est que nulle part cette pensée n'est plus éloquemment, ni plus fré-quemment méditée. Il existe à Rome des con-

fréries de pénitents se réunissant en grand
nombre plusieurs fois par semaine, à seule
fin de se préparer à la mort, et s'imposant, au
milieu même de la vie du monde, les austérités les plus sévères?

La plus célèbre des confréries est celle de
Caravità, que nous voulons faire connaître en
quelques mots. Les associés se réunissent
chaque jour dans une église voisine du Corso,
le matin pour entendre la messe, le soir pour
assister au salut ou réciter l'office de la sainte
Vierge ou des morts et se donner la discipline.

Cette cérémonie s'accomplit tous les deux
jours à l'heure de l'*Ave Maria*. Les hommes seuls
peuvent y assister, mais il n'est pas besoin de
faire partie de la confrérie. Quand les portes
de l'église sont fermées on ne laisse plus entrer personne. On s'agenouille sur les dalles;
un frère passe dans les rangs et distribue, à
tous ceux qui en réclament, des disciplines
de corde. Bientôt les lumières s'éteignent. Un
prêtre prend la parole et adresse dans l'obscurité à l'assistance à genoux quelques mots sur
la mort ou sur les souffrances de Notre-Sei-
gneur. Il termine son allocution par une

exhortation énergique à ne pas ménager sa
chair ; lui-même donne l'exemple en se frap-
pant à coups redoublés. Alors commence la
flagellation qui dure tout le temps de la récita-
tion du *Miserere*, et à ne juger que du bruit
des coups, il est permis de croire que les confrères ne s'épargnent pas. Ce sermon, ces
ténèbres, cette psalmodie et ces coups ne laissent pas que de produire une émotion profonde.
Aux derniers mots du psaume, une cloche retentit, la lumière reparaît ; on doit alors avoir
cessé la discipline. On termine la cérémonie
par quelques prières en commun, et chacun
regagne son domicile. La population romaine
ne s'étonne pas plus de ces austérités qu'à
Paris on ne s'étonne de voir les gens aller à
l'église et au sermon. Un grand nombre d'ailleurs se livre à ces macérations. Les femmes elles-mêmes ont des confréries sembla-
bles.

En dehors de cette préparation immé-
diate, la pensée de la mort se retrouve à
chaque pas dans les habitudes de la vie. Qui
n'a vu le saint Viatique dans les rues, tou-

jours escorté d'un nombreux cortége auquel s'adjoignent des confréries entières de petits enfants en soutane? Qui n'a remarqué dans les églises des chapelles consacrées spécialement aux défunts? Qui n'a rencontré dans la campagne romaine, sur la façade de quelque oratoire rustique, des peintures mortuaires, destinées à rappeler aux passants, avec les souffrances du purgatoire, l'efficacité de la prière? Qui enfin n'a entendu au Colisée, sur les places, dans les églises, des prédications incessantes sur la rapidité du temps et l'imminence de la mort? Je ne veux parler ici ni des catafalques, ni des draps mortuaires exposés, ni des visites aux chapelles souterraines *della morte*, ni des exhibitions de personnages en cire, destinées à rappeler les scènes tirées de l'Écriture sainte, comme la mort d'Holopherne, la décollation de saint Jean-Baptiste, etc.

Je ne veux pas surtout décrire, après tant d'autres, les funèbres décorations du cimetière des capucins de la place *Barberini*, ni celles du *Campo Santo* de l'église de la Bonne-Mort. Tout le monde n'éprouve pas, pour les squelettes et les mosaïques d'ossements humains, le même goût que les Romains. Qu'importe après tout? Cette façon familière de considérer notre vile dépouille ne les rend ni plus funèbres ni moins joyeux à l'occasion. En revanche, la pensée de la mort les rend plus chrétiens, plus honnêtes, et, au dernier moment, plus courageux. N'est-ce donc rien?

Les funérailles présentent à Rome un aspect particulier. Il ne s'agit ici ni des politesses officielles, ni du deuil de commande, ni des tentures noires, qui sont, à Paris, les signes obligés d'un enterrement de première classe. A Rome, l'étiquette moderne elle-même n'a pu enlever encore, à la dernière cérémonie, son caractère religieux et primordial. C'est à la nuit tombante, aux flambeaux, que les *funérailles* ont lieu; il semble que ce mot (du latin *funus, flambeau funèbre*) ait gardé ici son étymologie et son sens primitif. De longues files de capucins, des confréries, et des pénitents, escortent, avec leurs torches allumées, le corps qui va être confié à la terre.

On croirait assister aux funérailles de Pallas décrites par Virgile :

> . . . . . . Lucet via longo
> Ordine flammarum.

n'étaient les psalmodies des prêtres, et les chants empreints d'une religieuse tristesse. Eu dernier lieu, apparaît sur un brancard de velours noir, entouré des insignes de sa profession, ou des marques de sa noblesse, le corps du défunt, triste dépouille, dont la foule contemple sans effroi la pâleur et le néant. Si positif qu'on soit, on ne peut rester indifférent à un pareil spectacle.

Des gamins, cependant, escortent les capucins, un cornet de papier à la main ! Ceux-là n'ont nul souci de la mort, ni de la fragilité de la vie. Heureux âge ! Ils songent à recueillir la cire qui tombe des cierges à leur profit, et personne ne pense à contester leur droit, ni à entraver leur petite industrie.

Voilà la bonhomie romaine : les humbles réalités à côté des grandes pensées et des grands spectacles. N'est-ce pas là toute la vie ?

IV

LES RUES ET LES PROMENADES

L'aspect du Corso. — Les modes; les vêtements. — Le luxe et la charité publique. — Les équipages.

Le goût de la loterie, la crainte de la *jettatura* et la pensée de la mort ne sont pas assurément les seules préoccupations des Romains. Ni les fêtes, ni la loterie, ni les graves méditations de l'éternité ne suffisent à absorber tout leur temps, ni à faire connaître leurs habitudes quotidiennes.

S'il ne vous déplaît point de venir avec moi, promenons-nous ensemble, à tort et à travers, dans les rues de Rome, et entrons où bon nous semblera. Peut-être le hasard nous mènera-t-il aux bons endroits; peut-être nous

révélera-t-il quelque circonstance intéressante
de la vie romaine ou quelques traits distinc-
tifs de ses mœurs.

Rome ne présente pas toujours ni partout
le coup d'œil pittoresque des costumes de *Contadini.* Encore moins offre-t-elle tous les jours
le spectacle d'une ville en fête. Au premier
abord, rien de plus ordinaire que l'aspect
général des rues, même les plus fréquentées.
Si vous exceptez du Corso les pittoresques
décorations de verdure des boutiques à certains jours de fête, par exemple le jour de
Saint-Joseph ; si vous supprimez les *aquajone,*
ces marchands ambulants de rafraîchisse-
ments, qui se tiennent près des fontaines, et
ces étalages charmants de melons et de *cocomeri* dont la vue semble rafraîchir les yeux,
presque autant que la bouche, on peut affirmer que l'aspect du Corso avec ses magasins,
est exactement celui de nos villes de province :
pas de luxe, très-peu d'enseignes et pas du
tout de réclames. Les pharmacies seules paraissent élever leur devanture à la hauteur de
la civilisation moderne ; en Italie, depuis un

temps immémorial, les pharmaciens jouissent d'une haute considération. En revanche, beaucoup de boutiques ne sont que de simples échoppes. On sent de suite que Rome n'a nulle prétention à devenir la métropole du commerce et du luxe [1].

Mais on n'est pas longtemps sans observer que ses boutiquiers et ses bourgeois ont une tenue parfaite. Les jeunes gens s'habillent avec recherche, pour peu qu'ils aient en propre quelques écus. Ils ne connaissent que les tailleurs anglais et les étoffes d'Albion, par l'excellente raison que l'industrie romaine ne produit pas de draps comme ceux d'Elbeuf et de Sédan.

Peut-être la jeunesse dorée, ou, ce qui est tout un, celle qui veut l'imiter, abuse-t-elle un peu des coupes de Londres. N'étaient leurs grands yeux noirs et leur type italien, vous prendriez tous ces beaux fils pour des échap-

[1]. Nous ne parlons ici que de l'aspect extérieur et pittoresque; nous ne nous occupons pas des monuments qui portent avec eux leur cachet de grandeur indélébile; nous ne traitons pas non plus du commerce, ni de l'industrie, considérés au point de vue économique, ni statistique, ni des professions et des conditions sociales de la population romaine.

pés de Hyde-Park; ils portent en 1867 des
modes qui seront à peine acclimatées à Paris
en 1868.

En revanche, il en est d'autres qui gar-
dent encore fidèlement, au moins l'hiver, le
manteau romain à collet. Ceux-là n'ont aucune prétention aux modes du jour, et pourtant avec quelle majesté antique ne savent-ils
pas s'envelopper, comme dans les plis d'une
toge, de leur ample vêtement et en rejeter,
avec un geste superbe, la pointe sur l'épaule
gauche. Ces bourgeois de Rome, pour arranger
leur manteau, connaissent-ils donc le précepte
de Quintilien, *neque strangulet neque fluat?*

Quant aux femmes de la bourgeoisie, elles
n'ont rien dans leur costume de caractéristique, si ce n'est un amour immodéré pour les
fanfreluches de mauvais goût, auxquelles, bien
à tort, elles attribuent une origine parisienne.
C'est là leur grand défaut. Mais elles ne se-
raient pas filles d'Ève, si elles pouvaient y
échapper. D'ailleurs, il leur restera toujours,

quoi qu'elles fassent pour le gâter, leur admirable profil romain.

Les princesses et les grandes dames, sans échapper absolument à la tyrannie de la mode, ont du moins le bon esprit de composer avec elle. Mais c'est dans les réceptions et dans les bals qu'il faut les voir. Beaucoup ont su conserver à leurs coiffures, à leurs draperies et à leurs bijoux, les formes antiques qui conviennent si bien à leur noble stature et à la majestueuse régularité de leurs traits. Seules, peut-être, elles maintiennent encore les grandes traditions de l'art, et les Romains pourraient dire avec le poëte :

> Les femmes ici-bas, et là-haut les aïeux,
> Voilà ce qui nous reste!

Mais ces nobles patriciennes n'apparaissent que rarement. Retirées dans leur palais, on ne les entrevoit guère qu'aux réceptions et aux soirées. Chrétiennes irréprochables, et mères de famille excellentes, on les rencontre fréquemment dans les églises, par exemple à Saint-Charles au Corso ou aux Saints-Apôtres, les deux sanctuaires aristocratiques de Rome.

Si officiellement elles ne hantent guère la ville qu'en voiture, et se soucient peu de se mêler à la foule, comme il convient aux héritières de l'aristocratie, qui se dit la plus ancienne du monde, il faut reconnaître que la plupart des princesses romaines donnent en même temps l'exemple d'une simplicité de vie héroïque, qui contraste avec la monotone et frivole agitation des femmes de la gentry parisienne.

Beaucoup partagent leurs loisirs entre le chevet des malades et l'instruction religieuse des pauvres, entre le temple de Dieu et l'asile de la douleur.

Je ne sais rien de plus touchant, dit M. Sauzet, « que de voir agenouillées devant de pauvres pèlerines qu'elles relèvent et soulagent par leurs soins maternels, ces pieuses favorites de la naissance et de la fortune, plus parées par l'humilité de leur zèle et de leur costume hospitalier que par l'éclat de leurs diamants héréditaires. Les unes fondent des associations bienfaisantes; les autres patronnent des refuges, toutes rivalisent par l'ingénieuse variété de leur dévouement. »

8.

Au Corso les équipages abondent. Là défilent des *carozze* (voitures) hautes, larges, pompeuses, cantonnées de livrées et blasonnées sur toutes les faces. Sauf la couleur qui est généralement sobre, elles rappellent assez l'opulent carrosse de l'ancien régime. Les chevaux, de race romaine, grands, forts, à l'encolure puissante, semblent avoir aussi conservé le type du dix-septième siècle. Ils ont conscience de leur rôle, et leur allure fière et digne n'est pas sans analogie avec le caractère de la ville qu'ils parcourent. Ce sont des chevaux sérieux qui n'ont rien de commun avec les squelettes anglais qui hantent le turf.

Les chevaux de cardinaux sont noirs; ils forment une race à part qu'on nomme cardinalesque. Les voitures, toutes rouges, sont décorées d'arabesques d'or; les cochers et les laquais, avec leurs perruques à marteaux et leurs tricornes, semblent témoigner d'un âge, dont notre démocratie nous a fait perdre jusqu'au souvenir.

Les cardinaux ne peuvent sortir à pied, si ce n'est à une certaine distance de Rome. Ainsi le veut l'étiquette, qui règle aussi le train de leur maison, la couleur et la forme de leurs équipages et la livrée de leurs serviteurs. Il n'est pas rare de voir sur la voie Appienne un prince de l'Église, suivre à pied sa voiture ou en être suivi, respirant l'air pur de la campagne ou lisant son bréviaire. Plus d'un, sous ses cheveux blancs, le visage ovale, le nez aquilin, l'œil vif, présente le type fin, délicat et spirituel du grand seigneur italien.

V

LE FARNIENTE

La flânerie. — Le *Pincio*. — La promenade au
soleil. — La sieste. — Le soir.

Dans les rues de Rome, une chose surtout
frappe l'observateur ; c'est cette existence
douce, aisée, facile, qui semble, pour tous les
Romains, tissée d'or et de soie. Riches ou pauvres, ces gens-là savent porter allégrement le
fardeau de la vie, ou, pour mieux dire, il semble qu'il n'y ait pour eux ni fardeau ni peines
d'aucune sorte. Les rues ne sont point en-
combrées de gens pressés, affairés, mécon-
tents et préoccupés qui courent à la Bourse,
au comptoir ou à des rendez-vous à heure
fixe.

On comprend mieux ici la sagesse et le bon emploi du temps. Les Romains savent flâner! Que de peuples ne pourraient en dire autant? Le soleil dore ici la vie humaine : l'âme de l'homme qu'il enchante, la fleur qu'il colore, les monuments qu'il éclaire, tout semble ressentir l'influence de sa chaleur et de ses rayons.

Sur l'emplacement des jardins de Salluste, s'élève en amphithéâtre, au-dessus d'un horizon immense, une promenade incomparable : c'est le *Pincio*. Là, au milieu des bosquets en fleurs, circulent, autour des fontaines, des statues des grands hommes, des bas-reliefs et des colonnes rostrales, la foule élégante des promeneurs et des curieux. Là se tient chaque jour le rendez-vous obligé des équipages et des voitures de l'aristocratie romaine. Ce n'est pas qu'on tienne, comme en d'autres pays, à se montrer, encore moins à faire parade de ses chevaux, de ses livrées et de son ennui.

Le *Pincio* est un lieu de réunion, j'allais dire un salon de famille. On vient là retrouver ses amis, faire ses visites ou tenir sa cour. Tout le monde ici se connaît. Les sourires, les saluts et les poignées de main se croisent en tous sens.

On passe au *Pincio* de longues heures, les femmes dans leur voiture, les hommes debout accoudés aux portières. On cause de la pluie et du beau temps, et des nouvelles du jour. On écoute la musique militaire ; entre deux morceaux, on fait et on défait vingt mariages ; parfois d'un groupe de jeunes Romaines partent des rires argentins et sonores, éclatant au milieu de la foule avec un laisser-aller et une franchise toute méridionale. Surtout on se délecte, sans même parfois en avoir conscience, de l'éclat radieux de l'horizon, de la sérénité du ciel, de la splendeur de la lumière : on respire la vie à pleins poumons !

Et ne croyez pas que ce soit le seul privilége des riches. Sur les places, aux degrés des églises, avez-vous vu, drapés de leurs manteaux en guenille, sans souci du lendemain, sans crainte de la police, ces mendiants de Callot, race fortunée inconnue à Paris, qui semblent n'avoir besoin ici pour vivre que de grand air, de chaleur et de lumière ? Avez-vous remarqué sur les trottoirs, aux portes des cafés, au seuil des maisons, partout enfin, ces groupes d'hommes occupés à causer ou tout simplement à ne rien faire? On est si bien ici pour être oisif!

M. Ampère observe que les Romains, quand ils ont trente pas à faire au soleil, les font avec une lenteur vraiment comique. « C'est, dit-il, que la plus petite fatigue, au mois d'août, donne la fièvre et fait ouvrir les testaments comme au temps d'Horace. »

..... Opella forensis
Adducit febres et testamenta resignat.

Sans contester la valeur de ce rapprochement archéologique ou hygiénique, ne serait-il pas permis d'attribuer cette lenteur de la marche au bien-être de la chaleur qui entre par tous les pores, à la jouissance de vivre et de se sentir Romain ? A Londres, on court ; à Paris, on regarde et on s'agite avec une curiosité fébrile ; à Rome, seulement, il semble qu'on ait le privilége de se promener, de respirer et de vivre.

Il est vrai que ces mêmes Romains, si fort amis du soleil en hiver, se montrent en été grands observateurs de la sieste. De midi à quatre heures, on ferme les boutiques ; toutes affaires cessantes, chacun va dormir, et le soleil peut à loisir darder ses rayons sur les rues désertes : il n'y trouve à molester, suivant le dicton, que *des chiens et des Français;* et encore, ceux-ci, pour peu qu'ils ne soient pas trop fanfarons, ne tardent-ils guère à imiter les Romains ; en quoi ils me paraissent agir sagement.

Le soir, une vie nouvelle semble, comme au matin, animer la ville. Rome s'éveille et respire avec le souffle de la brise de mer ; le doux *farniente* de l'Italie reprend ses droits. Il faut bien se reposer de la fatigue d'avoir dormi ; d'ailleurs, les nuits sont si belles, le ciel si étoilé et le vent du nord est si doux ! on s'assied au bord du Tibre, au Colisée, au Pincio : c'est alors surtout que les heures s'enfuient rapidement.

Ainsi pensent les Romains, et je suis fort de leur avis.

VI

LE THÉÂTRE ET LA VIE ROMAINE ·

La littérature dramatique. — Les salles de spectacle. — Les ovations. ———— Restaurants et
cafes. — La cuisine locale. — La sobriété romaine. — Les fontaines de Rome. — *L'acqua acetosa.*
— Les productions du sol romain.

Si on est en hiver, ou si on ne redoute pas
trop la chaleur, on peut entrer au théâtre, à
moins, toutefois, qu'on ne soit en carême, au
temps de l'avent, ou un jour de vendredi,
auquel temps les divertissements publics chô-
ment en mémoire de la Passion de Notre-
Seigneur Jésus-Christ et du temps de la pénitence.

L'administration romaine sait à la fois
tolérer, réglementer et diriger des plaisirs
légitimes, sans cesser, toutefois, d'imprimer

9

à cette direction même le caractère religieux
qui lui convient. On entend dire que les prêtres
à Rome vont au spectacle aussi naturellement
que chez nous ils peuvent aller aux eaux ou
en voyage. Ceci est un conte à dormir debout.
Il suffit d'aller au théâtre deux fois pour se
convaincre que les laïques seuls y sont admis :
mais de ce conte, cent fois répété, cent fois
démenti, il restera toujours quelque chose :
c'est Voltaire qui l'a dit, et Voltaire s'y con-
naissait.

Je ne parlerai point de la littérature pro-
prement dite du théâtre romain, lequel, comme
chacun sait, vit le plus souvent de traductions
et d'emprunts faits à notre scène française.
Que *l'impresario* et le bon public préfèrent
nos auteurs, même les plus modestes, à Alfieri,
à Goldoni et à tant d'autres, c'est leur affaire,
et je suis trop fier de cet hommage rendu à
mon pays pour avoir droit d'y retrouver à
redire. Mais pourquoi tous les Romains, et je
sais beaucoup de Français qui sont Romains à
cet égard, s'obstinent-ils, quoi qu'on puisse
faire, à attribuer indistinctement toute œuvre
dramatique, quelle qu'elle soit : drame, comé-

die, mélodrame, libretto d'opéra, farce ou vau-
deville, à l'*illustrissimo signore Scribe ?*

Quant à la musique, Rome n'a pas besoin de
nous faire d'emprunt. Les deux grands noms
de Rossini et de Verdi suffiraient à illustrer et
à remplir toutes les scènes italiennes. Leur
gloire, comme leur musique qui retentit d'un
bout du monde à l'autre, semble être ici dans
leur patrie de prédilection.

A Rome, comme dans toute l'Italie, les salles
de spectacle, à moins qu'il ne s'agisse de *San-*
Carlo, de la *Scala* ou de la *Fenice*, n'offrent rien
de remarquable, si ce n'est leur uniformité,
leur monotonie et leur absence de reliefs, de
dorures ou d'ornementation. Les loges, super-
posées régulièrement, semblent des cellules
d'égale grandeur, s'ouvrant comme les fenêtres d'une haute maison sur une cour étroite et
profonde qui forme le parterre : peu d'éclai-
rage ; l'administration réserve toute la lumière
pour la scène ; elle pense que c'est plus économique, et que, par ce moyen, rien ne vient
détourner l'attention du spectateur dans la
salle : très-peu de couloirs et pas de foyer ;

c'est de la place perdue, et, d'ailleurs, on est libre pendant les entr'actes d'aller respirer dans la rue.

En revanche, on est chez soi dans sa loge comme dans sa maison. Est-ce à l'obscurité ou à la disposition de l'architecture qu'il faut en attribuer la cause? Je ne sais, mais il semble que personne ne puisse jeter dans votre intérieur un regard indiscret. Les salles d'Italie, et celles de Rome en particulier, frappent tout d'abord par leur air comme il faut. S'il n'y a pas là que de la bonne compagnie, on peut dire que nul n'en sait rien et n'a droit de se plaindre.

Les salles, d'ailleurs, sont sonores, bien disposées pour la vue et pour l'acoustique. Les artistes sont bons quelquefois, et les ténors, rares comme partout : *rara avis*; mais c'est le sort commun.

Ce qui vaut mieux, c'est le public : voulez-vous voir un vrai public, jeune, enthousiaste, passionné, erroné, peut-être, mais toujours sincère et de bonne foi? allez au théâtre à Rome. Il n'y a pas ici de claque patentée et payée. La claque est une institution romaine, il est vrai ; c'est Néron qui l'inventa, mais elle a, de longue date, perdu droit de cité chez les Romains. Quoi d'étonnant? le vrai public a trop de plaisir à distribuer lui-même ses applaudissements, ses bravos et ses cris pour laisser ce soin à des gens payés.

A moins qu'on ne les siffle, ce qui arrive quelquefois, le *primo uomo* ou la *prima donna* n'ont pas plus tôt ouvert la bouche, qu'on leur témoigne une faveur qui ne cessera d'aller *crescendo* jusqu'à la fin. Le rideau du premier acte tombe ; c'est alors que commencent l'enthousiasme, le triomphe et le bruit : *Al fuori ! al fuori !* (au dehors! au dehors!) C'est l'expression consacrée en Italie pour rappeler les acteurs. L'artiste paraît et se courbe jusqu'à terre. On le rappelle ; il salue de nouveau ; le rideau tombe et se relève trois fois, six fois, dix fois, pour laisser autant de fois apparaître la *diva* dans tout l'éclat de sa gloire. De guerre lasse, quand le lustre s'éteint, on quitte le théâtre ravi, transporté, *fatigué, mais non rassasié* de la vue de l'étoile en question. Demain, qu'une mouche vienne à voler ou une lubie à passer, le même parterre sifflera celle à qui la

veille il a prodigué les rappels et les couronnes.
Telle est l'ardeur du caractère méridional.
Ainsi, jadis, les prétoriens faisaient et défai-
saient des empereurs !

Après les rues et les théâtres, il faut parcourir les cafés.

Dans les cafés, peut-être, tout n'est pas
poésie, ni même propreté. Ce sont de longues
pièces peu éclairées le jour et encore moins la
nuit. On ne voit pas là, non plus que dans les
débits de tabac, chez les pâtissiers, et dans
aucun lieu public, trôner à son comptoir une
femme plus ou moins belle, destinée à attirer
les chalands et à fixer les yeux. Le maître de
l'établissement va. vient, circule, surveille le
service, et, au besoin, le fait lui-même. Dans
le fond, une madone pieusement ornée, entre
deux lampes, occupe seule la place d'honneur,
et les choses n'en vont pas plus mal. S'il est
rare de voir des femmes dans les cafés de
Rome, on peut, en revanche y rencontrer

souvent des prêtres venant y prendre leur modeste *collazione*.

Quant au luxe des salles, il est si modéré, qu'on ne s'en aperçoit pas. On ne va pas là pour admirer des dorures; mais on y boit, on y fume, au besoin on y mange à des prix d'une modicité excessive, même on s'y assied gratis, sans rien consommer et sans que personne y retrouve à redire; beaucoup y dorment comme chez eux.

Surtout, on y prend un café excellent, léger et aromatique tout à la fois, tel en un mot que savent le faire les peuples du Midi et de l'Orient, qui veulent en user à grande dose sans que ce soit au détriment des nerfs ou de l'estomac.

A Rome, sur un signe, le garçon (*cameriere*) vous apporte, sans mot dire, un plateau chargé d'une tasse, d'une petite soucoupe couverte de sucre en poudre, d'une cafetière de métal pleine du breuvage bouillant et d'un grand verre d'eau froide comme la glace, qui, à elle seule, vaut tout le reste. Libre à vous de déguster votre café en plusieurs tasses successives et de faire durer le plaisir toute la jour-

née, si bon vous semble; le tout vous coûtera
deux *baïoques* (deux sous). Vous laissez ces deux
sous à votre place, sans même appeler le garçon, et tout est dit. Il est vrai que le climat
énervant de Rome vous oblige plusieurs fois
par jour à avoir recours au café. C'est une boisson tonique, fortifiante et rafraîchissante tout
à la fois.

Je n'ai pas à dresser ici la carte des consom-
mations des cafés de Rome, c'est à peu près
celle de partout, sauf que les prix en sont plus
modérés qu'ailleurs; mais la couleur locale
m'oblige à parler de ce qui est national; d'a-
bord, le chocolat à l'eau (*cioccolata*), léger,
mousseux (*spumante*), tellement qu'il ne rompt
pas le jeûne, et pourtant excellent; le *mischio*,
que je vous recommande tout spécialement,
mélange exquis de chocolat et de café; le *roso-
glio*, drogue infusée de roses, dont le nom sert
de terme générique en Italie à toutes les li-
queurs, et dont je ne veux rien dire, de peur
d'être obligé d'en dire du mal; et enfin les
glaces, qui sont, comme dans tous les pays
chauds, une des nécessités en même temps
qu'un des plaisirs de la vie. à la portée de tous

ou de presque tous. Rome a la spécialité du *pongio spogato* (punch-glace), de la *spuma di latte* (mousse de lait), et surtout de la *matenella al butiro*, sorbet compacte et si dur, qu'on peut l'emporter dans sa poche, ce qui lui a valu le nom de brique au beurre.

Les restaurants ne sont pas, dans leur genre, beaucoup plus brillants que les cafés. Je ne parlerai pas, bien entendu, des hôtels où on vous sert à l'anglaise ou à la française, ni de *Spiellman*, ni de *Nazarri*, deux établissements anglais, où les étrangers se croient obligés d'aller par respect pour leur dignité. Ils y retrouvent, avec un comfortable très-relatif et très-contestable, la cuisine frelatée de Paris. Grand bien leur fasse!

Parlons plutôt de ces restaurateurs qui portent à domicile dans des boîtes en fer-blanc, des dîners merveilleux et tout romains, à des prix d'un bon marché fantastique. Parlons surtout de ces vieilles *trattorie* (établissements de traiteurs), qui, comme le *Falcone* (le faucon), *la Lepre* (le lièvre), ou *le Belle Arti* (les beaux-arts), ont su conserver, avec l'antique simplicité des escaliers, des rideaux et du mobilier, les pures traditions de la cuisine italienne. C'est là que les indigènes, les artistes et tous ceux qui ont souci de la couleur locale, font la partie d'aller souper. On y boit, dans des flacons de verre blanc, du vin de *Genzano*, de *Civita Lavinia*, d'*Albano* ou de *Frascati*, le *Falerne*, chanté par Horace, et surtout l'*Orvieto*, vin doré, doux et pétillant, qui rappelle le vin de Champagne.

Le Tibre et la Méditerranée fournissent aux Romains des poissons exquis, la campagne, un gibier savoureux: des perdrix, des becfigues, des bécasses, des cailles, et ces pigeons engraissés en volière, avec des soins dignes de Lucullus. Mais je ne puis omettre le sanglier à la sauce aigre-douce (*agro dolci*), ni ces pâtes, ces fritures, qui sont la gloire culinaire de l'Italie, notamment le *pasticcio di macaroni* [1].

Surtout, je veux mentionner quelques-uns des fruits et des légumes de cette terre productrice de fruits : *magna parens frugum* ; le fe-

---

1. Pâté au macaroni.

nouil, cher aux Romains (*finocchio*) ; les asper-
ges de Tivoli (*sparagi*), les *broccoli* à la poêle et
en salade, les champignons des prés (*prata-
juoli*), dont Horace disait :

> Pratensibus optima fungis
> Natura est.

les raisins, surtout ceux de Tivoli (*pizzitelli*),
les pastèques (*cocomeri*), les figues vertes (*fichi
gentili*), les melons de Rieti (*poponi*). J'en passe,
et des meilleurs !

Les gourmets y suppléeront, pour peu que
leur goût les y pousse : *trahit sua quemque vo-
luptas*. Ceux-là ont d'ailleurs l'habitude de
n'être contents de rien. Ils regardent à peine
le Colisée, et se soucient peu du Capitole ;
mais ils savent, à point nommé que, dans la
ville éternelle, on tue le bœuf trop jeune, qu'on
mange le gigot trop cuit et que le macaroni
est mieux accommodé à Naples que dans n'importe quelle ville italienne. Voilà leurs impressions de voyage !

Quant aux Romains, je ne voudrais pas dire
qu'ils ne sont pas gourmands, surtout si ce

jugement devait blesser leur amour-propre
national; je ne parle pas de la classe riche,
qui mange à sa faim comme partout; mais
j'affirme que, soit nécessité, soit vertu, la
bourgeoisie est d'une sobriété à toute épreuve.
De quoi vivent ces petits-fils de Romulus? Nul
ne le sait ni n'a pu le dire, car, oncques on ne
les vit se mettre à table, si ce n'est au pied
levé et en courant.

Des voyageurs qui ont pénétré plus avant
dans le mystère de leur nourriture, assurent
pourtant que les habitants de Rome, en dehors
des jours de purgation, qui pour eux reviennent à de fréquentes périodes, ne manquent
jamais de faire un repas par jour, lequel a lieu
vers deux heures, et se compose invariable-
ment de pâtes, de choux ou de salade. Le soir,
ils ne se couchent pas non plus sans avaler un
verre d'eau fraîche.

Il est vrai que c'est de l'eau de la fontaine de
Trévi, l'*acqua vergine*, cette eau, excellente et
limpide, si fort appréciée de Cicéron. Rome est
la ville la plus riche en fontaines; ses eaux sont
les premières du monde. Nulles ne sont plus
fraîches, plus limpides et plus savoureuses.

Il y a aussi, à un mille de la ville, l'*acqua acetosa*, eau minérale, rafraichissante et laxative, dont les Romains ne dédaignent pas de faire usage. Cette distraction hygiénique ne leur coûte rien. On les voit, à certains jours, quand le temps est beau, au printemps, prendre, en famille, la route de *Ponte Molle*. Ils vont là se purger, en partie de plaisir.

Pour les hommes du peuple, ceux qui passent leur vie en plein air et gîtent on ne sait où; les cochers, les portefaix, les ouvriers et *tutti quanti*, leur nourriture est plus succincte encore. C'est d'eux, véritablement, qu'on peut dire qu'ils mangent pour vivre, au lieu de vivre pour manger. Ceux-là grignotent quelques épluchures de légumes, des fruits en été, du *finochio* en hiver; puis, ils iront dormir sous quelque portique de palais, sùrs, du moins, de ne pas faire de mauvais rêves.

Ainsi disent les touristes, les journalistes, les romanciers, grands amateurs de pittoresque et de couleur locale, hommes de la première impression et *tutti quanti*. Il ne faut rien exagérer, même la sobriété et la vertu romaines. Ce qui est certain, c'est que ce peuple, qu'on qualifie de misérable, n'a rien à envier à personne pour les conditions matérielles de la vie.

Dieu lui a départi, avec le plus beau ciel du monde, la fécondité des fleuves et des eaux, la chaleur d'un soleil incomparable, la fertilité d'une terre qui produit en abondance le vin sur ses coteaux, le blé et les gras pâturages dans ses plaines, presque partout des mûriers, des arbres, et des forêts à peu près aussi ombreuses qu'au temps du roi Évandre.

En aucun lieu la vie n'est plus facile, le pain et le vin à plus bas prix; il y a peu de temps, la viande y était moins chère, je ne dis pas que dans aucune capitale d'Europe, mais que dans la moindre bourgade de France. Et aujourd'hui encore, malgré la frugalité des habitudes et la modération des désirs, la statistique établit que la consommation de chaque habitant est proportionnellement plus considérable à Rome qu'à Paris.

A part les marais Pontins, dont la sollicitude des papes, et celle de Pie IX en particulier, reculent chaque jour les limites, nulle contrée où la vie impose moins de besoins et trouve plus de ressources et plus d'abondance; nulle aussi où les tempéraments soient plus robustes, les maladies plus rares, le sang plus riche, les familles plus nombreuses et les mariages plus féconds.

A cet égard encore, c'est la statistique et non l'esprit de parti qu'il faut consulter. Les chiffres présentent des résultats qui, comparés à ceux de notre pays, ne sont point de nature à flatter notre amour-propre national.

LES ROMAINS

I

LE CARACTÈRE ROMAIN

L'énergie.— Nom symbolique de la Rome antique. — La foi religieuse. — Les institutions civiles remplacent l'esprit militaire.

Il est temps peut-être d'entrer dans la vie privée des Romains et d'aborder leur caractère et leur nature intime. Il est moins aisé de définir les sentiments plus ou moins secrets, mais toujours complexes et changeants des hommes, que de narrer tant bien que mal celles de leurs habitudes et de leurs mœurs qui se produisent au grand jour. Un portrait, si parfait qu'il soit, a toujours le tort d'être trop absolu. Il donne trop de place ou n'en laisse pas assez aux contradictions, aux exceptions, aux accidents.

Qu'on me pardonne si j'exagère ou si j'atténue trop les nuances. Au moral comme au physique, le Romain moderne, l'homme du peuple surtout, est bien réellement l'héritier du peuple qui mérita de conquérir le monde.

Race forte, patiente dans les difficultés de la vie quotidienne ; fière, courageuse et stoïque dans la pauvreté et dans les épreuves, parfois prudente, concentrée, réservée, obséquieuse, maîtresse d'elle-même, au point de paraître fausse, rusée, subtile, d'autres fois enthousiaste, irascible jusqu'à la démence, vindicative jusqu'à la cruauté, il semble que le fond de sa nature et le mobile de ses actions soient encore cette énergie froide ou violente qui distinguait les anciens Romains.

« La *Plante Homme*, » disait Alfieri, naît plus robuste en Italie que partout ailleurs, et les férocités mêmes, qui parfois s'y commettent, en sont la preuve.

La FORCE, tel est le sens primitif du nom mystérieux et symbolique de la ville éternelle : ROMA, 'Ρώμη; telle aussi la vertu traditionnelle chez ses enfants. Mais Rome a encore un autre sens, qui est son anagramme : AMOR. Il y a longtemps, en effet, qu'à la force brutale et sauvage de la société antique, s'est substituée la force intelligente et libre, toute d'amour et de charité, de la société chrétienne. Que la nature, parfois, reprenne ses droits; qu'il y ait des misères et des faiblesses inséparables de l'humanité, qui le niera? Mais ce qui est certain, c'est que nulle part ailleurs ne se rencontrent, au même degré, les mâles et fières vertus qui réalisent le type de l'homme chrétien.

L'ÉNERGIE HUMAINE UNIE A LA FOI RELIGIEUSE, tel nous paraîtrait devoir être formulé le caractère romain, si le caractère d'un peuple pouvait s'exprimer en formule.

Je n'en veux d'autre témoignage que celui de la fidélité et de l'amour que, dans les circonstances présentes, les Romains viennent de prodiguer à leur père vénéré. Sous le coup des menaces et des excitations les plus violentes, on les a vus maintenir avec une noble et coura-

geuse attitude, devant la coalition révolution-
naire, le droit inviolable de leur cité, et sauve-
garder, en dépit de toutes les prédictions et de
toutes les espérances, le foyer où se conservent la paix et la liberté du monde, contre les
usurpations de la force et les brutalités du fait
accompli.

On reprochera longtemps à ces mêmes Romains dont les pères ont conquis le monde,
de n'avoir pas l'esprit militaire. C'est le grand
mot !

A la vérité ils n'ont jamais connu le bonheur de la conscription, ni le bienfait des ar-
mées permanentes. Ils ont eu longtemps l'illusion de croire, et beaucoup l'ont partagée avec
eux, que la paix étant l'état normal de l'Église,
il suffisait de la garantie des rois et du respect
des peuples, pour que la ville sainte demeurât
à jamais inviolable. Ils pensaient que si l'esprit militaire fleurit chez les peuples conqué-
rants, il dispose facilement les âmes à l'obéis-
sance passive, aux brutalités de la force, aux
enivrements de la victoire.

L'esprit militaire n'est pas le but suprème de
la vie des nations. Au-dessus, il y a un sentiment plus élevé, le sentiment de la dignité et
de la liberté humaines, le culte de la vérité,
de la religion, de la paix et de l'amour, les traditions du génie, de l'art et de la justice, l'esprit de la foi et du christianisme, en un mot ;
c'est celui-là que Rome et les Romains semblent avoir reçu pour mission de maintenir et
de propager. Cet esprit-là, ce me semble, vaut
bien l'esprit militaire ; au besoin il sait le sup-
pléer.

S'il est vrai, comme l'a dit M. de Lamartine,
que l'uniforme n'ait pas seul le privilége de
couvrir un homme de cœur, l'esprit militaire
non plus n'a pas seul le privilége d'attacher les
peuples à leur patrie et de leur donner, dans
les graves circonstances, de la virilité, du courage et de la vertu : témoin ce vieillard, ce
prètre faible et désarmé, Pie IX, qui ne cesse
de se montrer grand, résolu, invincible, comme
les Romains des anciens jours ; témoin ces
gendarmes pontificaux dont la vie est dévouée
aux poignards et aux balles des assassins, et
qui luttent avec un héroïsme sans pareil contre

les hordes garibaldiennes ; témoin enfin ces populations agricoles de la campagne romaine, réclamant à tout prix des armes à l'heure du danger pour la défense du territoire.

II

LE PEUPLE

La nature du peuple; ses qualités et ses défauts — Les coups de couteau. — *Vendetta* et brigandage. — Le bandit piémontais.

Qu'on prenne la plèbe de Rome, même la plus infime et la plus ignorante. Où trouvera-t-on, je ne dis pas seulement foi plus ardente, mais mœurs plus pures et plus honnêtes, cœurs plus dévoués, patience et courage plus invincibles, sobriété plus grande, et parfois sentiments plus élevés et plus nobles ? « En eux rien de bas, de vulgaire, ou d'ignoble, » selon la remarque de l'auteur de *Rome contemporaine*, M. Edmond About lui-même.

Beaucoup leur reprochent d'être avilis et serviles, parce qu'ils tendent la main et n'ont

10

pas honte de recevoir. Cette habitude peut-
être est un vieux reste des traditions de la
plèbe impériale, habituée à vivre sans vergogne des humiliantes largesses que lui prodi-
guaient ses Césars. Mais aujourd'hui du moins,
si cette mendicité héréditaire n'est pas éteinte
sans retour, « elle ne menace plus au nom de
la force; elle demande au nom de Dieu[1]. » C'est
l'honneur de la cité chrétienne de respecter la
pauvreté à l'égal d'une grandeur et d'une
puissance, cette pauvreté glorifiée par le
Christ qui lui a promis ses divines béatitudes.

De là cette munificence, cette spontanéité,
cette variété inépuisable de la charité romaine,
dont les institutions et les ressources dépas-
sent celle des plus grandes cités; de là cette
générosité du riche, dont la tradition pieusement transmise est pour l'étranger lui-même
un des charmes de Rome; de là aussi cette
insouciante philosophie, disons mieux, cette
résignation du pauvre conservant jusque dans
l'humiliation de l'aumône, avec l'allure un
peu hautaine de la race, le sentiment de la dignité et de la grandeur chrétiennes.

1. M. Sauzet, *Rome devant l'Europe.*

Surtout il faut prendre garde de confondre, avec le peuple romain, cette populace sans nom et sans aveu, que seule connaissent les étrangers et qui est si utile aux détracteurs de Rome. A quel homme sensé fera-t-on croire que les domestiques de place, tous plus ou moins *rufiani, facchini*, ou escrocs, en tous cas, fort peu Romains, les vagabonds et les mendiants, ceux qui se tiennent aux marchepieds ou à la portière des églises, pour vous éviter la peine de la soulever et courir risque de gagner un *baïco* [1], représentent en quoi que ce soit la population de Rome?

« Mais ce peuple, ajoute-t-on, est sauvage et barbare! il assassine par partie de plaisir. S'il tient le vol en souverain mépris, en revanche, il estime fort les coups de couteau, et tient à honneur de conserver longtemps encore la *rendetta*. Les brigands d'ailleurs trouvent, au besoin, asile et protection dans les États du pape, et c'est parmi la population romaine que se recrutent encore les brigands

---

1. Environ cinq centimes de notre monnaie.

des Abruzzes et de toute l'Italie, pour détrous-
ser les voyageurs et piller les diligences ! »

Voilà ce qui se dit, se répète et s'imprime
avec le plus grand sérieux, depuis Montaigne et
le président de Brosses ! Certains touristes se-
raient, en vérité, trop à plaindre, s'ils n'avaient
plus l'espoir de rapporter d'outre-monts ces
charmants souvenirs. Aussi il faut voir quel
rôle joue la *coltellata* (les coups de couteau) dans
les romans contemporains. Pas un écrivain qui
ne s'en donne à cœur joie, pas un, à l'entendre, qui n'ait failli être assassiné ; pas un, en
revanche, qui, en fait, ne soit revenu sain et
sauf. N'importe : les plus sérieux ne dédaignent pas d'attirer l'attention sur leurs impressions de voyage par ce moyen vulgaire
mais infaillible.

Eh bien, dût la poésie du Transtévère en
souffrir, dussé-je même encourir le couteau
de ces vindicatifs fils de Romulus, je dirai hau-
tement que leurs *exploits* en ce genre me semblent quelque peu surfaits. Qu'ils aient le
cœur ardent, la colère prompte et le sang
bouillant comme tous les hommes du Midi,
que quelquefois, à la suite d'une querelle,

deux hommes se frappent, c'est là peut-être
une triste conséquence de cette énergie vivace
dont nous parlions tout à l'heure; mais il ne
faut pas en faire une loi générale.

On peut en dire autant des brigands de la
Sabine et de ceux de la campagne romaine, du
temps qu'il en existait encore; mais ce doux
temps n'est plus. Le brigand romain serait
même un type absolument disparu, n'en déplaise aux amateurs, si l'opéra comique, la littérature fantaisiste et aussi, dans ces derniers
temps, les relations intéressées des journaux,
n'avaient pris soin de nous en conserver le
souvenir.

Il faut être juste pour tout le monde, même
pour ses ennemis : je veux reconnaître que
la révolution a fait aussi beaucoup pour la
conservation et la restauration du brigandage.
Que ce soit par amour pur de l'art, par esprit
de famille et de confraternité ou tout simplement pour servir à une propagande politique,
il importe peu; toujours est-il que Mazzini et
ses compères n'ont cessé d'encourager, d'entre-

tenir à grands frais et même de protéger contre les poursuites pontificales plusieurs bandes de brigands, plus ou moins authentiques, peu Romains, mais atrocement cruels, tout en rejetant sur le saint-père, qui n'y pouvait rien, la faute d'une *institution* qui, selon eux, est inhérente au gouvernement ecclésiastique.

Mais encore une fois ces brigands-là, si dangereux qu'ils puissent être pour la sûreté des diligences, des voyageurs et des troupes pontificales, n'ont rien de commun avec l'ancien brigand de la Sabine ou des Abruzzes ; ce sont des mercenaires patentés et subventionnés, des Piémontais ou des Niceards, qui ne rappellent en rien le costume ni les mœurs, ni la vie des bandits romains du vieux temps. Ceux-ci, dit la chronique, était dévots à la Madone ; ils récitaient leur chapelet, observaient la loi de l'abstinence et ne pillaient point le samedi en l'honneur de la sainte Vierge. C'était bien quelque chose : ils étaient généreux et charitables au point de combler parfois de bienfaits les voyageurs pauvres qu'ils avaient arrêtés.

Est-ce que les détrousseurs en chemises rouges venus on ne sait d'où, ont seulement la connaissance la plus élémentaire du *métier* et le moindre souci des *traditions?*

Qu'on cesse donc de nous parler des brigands romains. Il y a longtemps qu'ils n'existent plus.

III

LA CLASSE MOYENNE

Les vertus chrétiennes. — L'instruction et les professions libérales. — Les fonctions publiques. Les laïcs. — La location des appartements. — Les maisons. — Usages locaux. — La vie de famille.

La bourgeoisie fait le fond de la population romaine [1] ; c'est elle surtout que nous avons dépeinte en décrivant les fêtes, les réunions, les habitudes extérieures de la ville.

Il y a en elle un grand fond de bon sens et de véritable sagesse, beaucoup de bonhomie et

1. La bourgeoisie n'est pas absolument le *mezzo-ceto*. Le *mezzo-ceto* est la bourgeoisie riche, élevée et distinguée, celle qui tient le premier rang après la noblesse, quoiqu'elle fraye peu avec elle. Il ne faut pas confondre le *mezzo-ceto*, dans lequel, d'ailleurs, il est fort difficile aux étrangers de pénétrer, avec la petite bourgeoisie des commerçants.

d'honnêteté vraie; cette sagesse n'est, d'ailleurs, que la sagesse et l'honnêteté de l'Evangile, à qui on n'en fait peut-être pas assez honneur. Comment en serait-il autrement dans une ville où les hautes pensées religieuses, la méditation des grandes vérités, le sentiment des devoirs du christianisme, sont présents dès l'enfance à tous les esprits? On a pu voir, au reste, à quel degré d'abjection et de misère morales sont descendus ceux qui avaient abandonné la foi et la pratique du catholicisme, lequel est, avant tout, l'âme et la vie de Rome.

A côté ou plutôt en raison de cet esprit profondément chrétien, les hommes de la bourgeoisie romaine ont un grand mérite : celui de savoir se contenter de peu et de vivre, s'il est possible, de moins encore. La modération dans les désirs, la simplicité de la vie, voilà tout le secret de leur bonheur, et je ne connais pas de peuple plus heureux.

Tous, plus ou moins, exercent quelque profession. Une instruction libre et gratuite des plus variées et des plus hautes met la science à la portée des plus humbles : aussi nulle carrière n'est fermée à l'intelligence et au mérite.

Le fils du dernier artisan peut aspirer à la pourpre romaine, et parvenir de la plus obscure naissance aux plus hautes dignités de l'Église. L'aristocratie civile elle-même ouvre ses rangs à toutes les grandeurs plébéiennes, à tous les dévouements généreux, à tous ceux qui servent et honorent leur pays de quelque façon que ce soit. Il n'y a d'ailleurs de privilège pour personne ; la noblesse n'y possède que des honneurs et de la considération ; mais tous peuvent y prétendre et tous d'ailleurs sont égaux devant l'impôt comme devant la loi. Dans ce pays d'ancien régime, l'égalité n'a pas eu besoin pour obtenir ses droits d'une nuit du 4 août, et la liberté, que trouvent les citoyens dans leurs franchises municipales, est une conquête qui ne date pas de 89.

Mais revenons aux charges et aux fonctions publiques. — « C'est, répète-t-on de tous côtés avec une persistance inexplicable, le patrimoine et le privilége du clergé ; si les administrations et les honneurs sont accessibles à tous, c'est à une condition, celle de garder le célibat et, qui plus est, d'entrer dans les ordres. »

Tous ceux qui connaissent Rome autrement
que par les préjugés et les passions, lesquels
trouvent dans la multitude tant de crédules
échos, savent à quel point le mariage est pro-
tégé, encouragé, favorisé. On ne se préoccupe
pas seulement de l'éducation des enfants ; on
prévoit leur avenir ; on prépare aux jeunes gens
des professions. Aux jeunes filles on alloue des
dots destinées à favoriser leur établissement ;
nulle part la législation ne place plus haut la
sainteté du lien conjugal, le respect de la famille, les droits des époux et des enfants, les
obligations et les devoirs de la parenté, mais
par-dessus tout la liberté de la vocation.

« C'est aujourd'hui un fait acquis à la noto-
riété publique, dit M. Sauzet, et prouvé par
l'irrésistible éloquence des chiffres, que l'immense majorité du gouvernement temporel
de l'Eglise est occupée par les laïcs. Ils y
comptent par milliers, et l'Église ne s'en est
guère réservé plus de cent [1].

1. D'après les états officiels de 1856, on comptait dans les em-
plois séculiers 6.854 laïcs et 124 ecclésiastiques. La proportion
en faveur des laïcs s'est encore accrue depuis.

En dehors des fonctions publiques, la bourgeoisie fournit à Rome de grands avocats, des médecins renommés dans l'Italie entière, de riches négociants, des artistes célèbres, des marchands de campagne, sorte de fermiers généraux dont la science agricole, le travail et l'industrie cherchent à transformer le sol de la campagne romaine.

Beaucoup trouvent place dans les administrations, dans les ministères, dans les bureaux. Ils sont *clients,* je me sers à dessein de ce mot, de quelque grand seigneur, qui les a pris sous son patronage et les a dotés, dans son palais, d'un petit emploi. Dans les cas difficiles, c'est à ce patron qu'on s'adresse; c'est lui qui vous protége, de lui qu'on se recommande. Ainsi faisait l'aristocratie antique, au beau temps de la république! Les chemins de fer, la comptabilité, la télégraphie, le petit commerce, l'uniforme dans l'armée du pape, ouvrent encore quelques carrières aux jeunes gens.

Pendant la saison d'hiver, la location des appartements meublés aux étrangers est aussi une ressource et une industrie pour la classe moyenne, d'autant qu'elle n'empêche point les autres.

Une famille romaine a-t-elle pu à force d'économies acheter une maison dans quelque quartier sortable, ou louer le plus modeste étage d'un *palazzo* [1], au Corso, elle s'empresse d'y établir quelques meubles et d'offrir le tout, aux prix les plus modérés, aux *seigneurs étrangers.*

Si vous n'avez formellement stipulé le contraire, ils tireront parti de vos fenêtres, à l'époque du carnaval, comme s'il était entendu que la jouissance de l'appartement n'emporte pas de plein droit celle de la vue sur le Corso. ·

A part cette petite surprise, qui peut être mise au nombre des farces des jours gras, vous n'aurez pas de serviteurs plus zélés, plus obséquieux, je veux dire d'amis plus dévoués, que vos *padroni di casa* (maîtres de maison). Toujours polis et gracieux, nuit et jour à votre disposition, vous ne cesserez de les voir préoccupés de votre bien-être; ils ne trouvent

1. A Rome, toute maison habitée par un homme qui ne travaille pas pour vivre, est un palais (*palazzo*); tout étranger est un seigneur.

rien d'humiliant à servir eux-mêmes leurs hôtes. Cette demi-domesticité, qui choquerait notre démocratie, est pour eux simple charité et pure politesse ; aussi, s'attache-t-on à eux comme ils s'attachent à vous, et je connais plus d'un étranger qui n'a pu, sans tristesse, se séparer des braves gens qui l'avaient hébergé !

Quant à eux, mari, femme, enfants, servantes, s'ils en ont, tous se relégueront dans quelque coin, au grenier, *alle stelle* (près des étoiles), comme ils disent. Ils y sont aussi mal que possible, sans feu, bien entendu, et presque sans meubles ; mais qu'importe, pourvu que le *signor forstiere* (le seigneur étranger) soit à l'aise et ne manque de rien ? L'été venu, ils reprendront leurs habitudes et se retrouveront au large dans leur vaste demeure.

A la vérité, la propreté n'est pas la vertu dominante des Romains, ni le luxe capital des maisons. Les cours servent de dépôt à toutes les immondices du quartier. Je pense que c'est pour cette raison qu'on les nomme *immondizzie*[1].

1. Dépôt d'immondices.

Quant aux allées, aux corridors et aux escaliers, même ceux des palais, ils sont à tout le monde. Le premier venu s'y installe, sans vergogne, pour des usages que je ne veux pas indiquer ; ce que voyant, les étrangers commencent par se scandaliser, et bientôt trouvent la chose toute simple. Ainsi se perpétue l'usage : *E l'uso* [1] *!!!* c'est le grand mot.

Par contre, chaque appartement reste hermétiquement fermé : verrous, chaînes de sûreté, guichet à écumoire, rien ne leur manque, surtout la nuit. Le jour, vous avez beau sonner à coups redoublés, on ne vous ouvrira pas, tant que votre identité n'aura pas été constatée. Pour ce, une voix aiguë ou nasillarde vous adresse, derrière la porte, l'interrogation traditionnelle :

— *Chi è ?* (Qui est là ?)

Vous répondez :

— *Io sono* : (C'est moi.)

Au son de votre voix, on vous ouvre et vous entrez. Les Romains, à cet égard, sont intrai-

---

1. C'est l'usage !

tables. Leur caractère expansif et ouvert au dehors n'exclut pas la prudence et la méfiance en certaines circonstances. Ils ont, d'ailleurs, une crainte salutaire des voleurs, et pensent, avec quelque raison, qu'une maison n'est jamais trop gardée.

Je ne connais rien de plus estimable et de plus patriarcal que cette bourgeoisie romaine. On a beaucoup critiqué les mœurs des femmes; mais il faut rabattre les trois quarts des relations françaises. Les plus exagérées elles-mêmes reconnaissent que les jeunes filles sont, jusqu'à leur mariage, irréprochables. Pour une ville qu'on prétend si profondément corrompue, c'est, il me semble, déjà quelque chose.

Dans la famille, quoi qu'on fasse, l'argent est rare; et le besoin d'argent est la cause, dans tous les pays, de bien des misères : mais, encore une fois, c'est l'exception dont on a fait la règle.

Dans la classe moyenne, nous l'avons déjà dit, le salaire du travail est modeste, et si humbles que soient les désirs et les ambitions, l'horizon ouvert à l'activité d'un chacun est limité; parfois donc la vie est difficile et les enfants pourtant n'en sont que plus nombreux. Mais Dieu bénit les nombreuses familles; jamais proverbe ne fut plus rigoureusement vrai que celui-ci à Rome.

L'éducation première ne coûte qu'un peu de peine. L'instruction primaire et secondaire est distribuée avec une munificence sans pareille[1], à tous les enfants des deux sexes non-seulement à Rome, mais jusque dans les villages les plus reculés.

Chaque commune possède une école et un médecin gratuits. Pour les plus déshérités la vie donc est aussi facile que les désirs sont modestes. La conscription ne pèse pas sur la population des États romains, et l'impôt est

---

1. Des asiles et des écoles primaires de toutes sortes s'ouvrent gratuitement dès le plus jeune âge aux enfants des deux sexes. Rome compte 600 écoles où 23,000 enfants reçoivent une instruction dont la moyenne dépasse de beaucoup celle de nos grandes villes. Les études classiques, les lettres, les sciences les plus avancées sont également à la portée des conditions les plus humbles. Le Collège romain, des communautés religieuses distinguées par leur savoir et leur sainteté ouvrent à tous la source des connaissances humaines. La statistique de 1853 porte à 50 le nombre des chaires d'enseignement supérieur, à 7,000 le nombre de ceux qui s'occupent de sciences médicales, et à 4,500 ceux qui sont voués à l'étude et à la pratique des lois.

plus modéré que dans aucun pays de l'Europe.

La famille, si nombreuse qu'elle soit, se verra d'ailleurs aidée, soulagée, soutenue contre les trahisons de la fortune et les difficultés de la vie. Les filles, si peu qu'elles soient jolies, trouveront aisément à se marier, ce qui est chez elles. il faut en convenir, l'objet d'une préoccupation aussi constante qu'elle est légitime. Quant aux autres enfants, si la vocation religieuse ou ecclésiastique leur fait défaut, tant bien que mal ils trouveront, comme leur père, à se tirer d'affaire dans le monde, où eux-mêmes, à leur tour, formeront souche d'une famille nombreuse.

Somme toute, quoi qu'il arrive, la bonne humeur leur fait rarement défaut; les fêtes se succèdent, le soleil luit pour tous, et l'année s'enfuit rapidement, ne laissant après elle que le souvenir des jours heureux tranquillement écoulés, et l'espérance d'un avenir meilleur encore.

IV

L'ARISTOCRATIE

Sa grandeur et son prestige. — Ses traditions. —
Ses grands noms — Son influence. — Ses charges. — La vie intellectuelle et la vie morale. —
Le rôle de la noblesse à Rome. — Les titres et
les dénominations honorifiques.

De toute l'Europe, l'aristocratie romaine
est la plus ancienne, la plus illustre dans le
passé, et la plus noble dans le présent.

Au premier abord, rien ne ressemble moins
à un bourgeois ordinaire qu'un prince romain.
On aurait tort, toutefois, de s'arrêter aux ap-
parences. Sa fortune, à la vérité, son palais,
ses galeries de tableaux, ses équipages, ses
domestiques, ses habitudes, le prestige qui
s'attache à son nom, son influence à Rome et
au dehors, tout semble contribuer à en faire un
personnage d'un ordre supérieur et distinct.

Mais ce serait une erreur de penser qu'il
n'existe entre lui et ses compatriotes aucun
point de contact. L'aristocratie romaine n'a
ni morgue, ni fierté, ni insolence. Elle exerce
sur ses clients ce patronage bienveillant et
officieux qui relève plutôt qu'il n'abaisse celui
qui en est l'objet; et, de fait, la population
romaine aime ses princes et se montre, en
toute occasion, dévouée à leurs intérêts.

Eux-mêmes, quoique d'ailleurs leurs pré-
tentions à la noblesse et à l'antiquité de la
race soient loin d'être les mêmes, vivent entre
eux dans un accord parfait.

Personne n'ignore que la noblesse romaine
se divise en trois catégories bien différentes.

La première est celle qui date de la féoda-
lité; à elle appartiennent ces familles dont
quelques-unes revendiquent une origine contemporaine des grands hommes de la république romaine; on peut citer parmi les plus
illustres les *Orsini*, les *Colonna*, les *Doria*, les
Altieri, les *Corsini*, les *Gaetani*, les *Muti*, qui
descendent de *Mucius Scevola*, les *Massimi*, qui
remontent à *Fabius Maximus Cunctator* et por-

tent pour armes des pas entre-croisés avec la
fameuse devise : *Cunctando restituit.*

La seconde catégorie nobiliaire provient des
familles pontificales du seizième siècle ; telles
sont, par exemple, les *Borghese,* les *Barberini,*
les *Aldobrandini,* les *Chigi,* les *Rospigliosi,* les
Braschi.

Enfin vient la noblesse d'origine financière,
qui est née d'hier, et qui, chaque jour encore,
se recrute parmi les grandes fortunes commer-
ciales et mercantiles de l'Italie. Qu'une de ces
familles enrichies achète un titre et se fasse
inscrire sur les listes de la noblesse, nul ne le
trouvera mauvais, ni ne s'en montrera jaloux.
Nobles de la vieille roche ou parvenus vivront
entre eux sur un pied d'égalité complète.
Au besoin, ils cimenteront leur amitié par
des mariages. Connaissez-vous quelque part
en ce monde fraternité plus édifiante et bonhomie moins conforme aux jalousies mes-
quines de la vanité humaine ?

A la vérité, cette aristocratie est, au point
de vue politique, plus fictive que réelle :
toutefois son rôle à Rome n'est pas sans utilité

11.

ni sans grandeur. Le peuple connait par leur
nom toutes ses grandes familles. Il en sait
l'histoire et peu s'en faut qu'il ne la reven-
dique comme sienne, tant elle se lie à celle de
la cité.

C'est que les membres de l'aristocratie elle-
même sont attachés au sol de la ville éternelle, non pas seulement par la naissance,
par la résidence et par le cœur, mais par les
traditions et les souvenirs. Ils perpétuent ces
traditions et conservent ces souvenirs. Rarement ils s'absentent de la ville, plus rarement
encore de l'Italie. Pour eux Rome est la patrie :
là s'écoule leur vie ; là sont réunis les chefs-
d'œuvre des arts, qu'ont accumulés leurs
ancêtres ; là se dépense leur fortune ; là
s'exerce leur charité, leur influence et leur
noble hospitalité.

Cette grande existence, qui n'a sa pareille
nulle part en France, n'est pas sans compensa-
tions et sans charges. On ignore leurs fonda-
tions pieuses ou bienfaisantes : les églises
qu'ils bâtissent, le clergé qu'ils entretiennent,
les pauvres qu'ils nourrissent, et ce, depuis un

temps immémorial ; on ne tient pas compte
des secours que chaque année ils offrent géné-
reusement à leur pontife vénéré.

Ce n'est pas tout : il faut encore, par des
miracles d'économie et des privations, qu'on ne
connaît pas assez, soutenir l'honneur et le rang
de la famille, entretenir le palais, conserver le
musée, fournir aux dépenses, souvent plus
coûteuses que productives, de l'administration
des propriétés, pourvoir à l'éducation et aux
dots des enfants, qui, à Rome comme ailleurs,
sont la condition indispensable de tout mariage avantageux. Aussi, à part quelques
réceptions obligées, leur vie intime est-elle
plus simple et plus modeste qu'on ne le pense
généralement, et les soucis ne leur font pas
toujours défaut.

Leurs fils font, ni plus ni moins que tous les
plébéiens de la ville, leurs études au Collége
romain. Ces études sont sérieuses. Outre
l'idiome de Dante, qui est le leur; outre les
littératures grecque et latine qu'ils possèdent à fond, ils parlent couramment deux ou
trois langues vivantes. Beaucoup s'occupent

d'archéologie, de sciences ou de beaux-arts ;
plusieurs se sont fait, par leur érudition, un
nom estimé.

La plupart, après avoir voyagé deux ou trois
ans, sont des hommes accomplis, distingués
même, et, ce qui vaut mieux, des hommes de
bien, parfaitement aptes à continuer les traditions de la famille. Ils n'entrent, il est vrai, ni
dans l'armée, ni dans la magistrature; ils n'as-
pirent à devenir ni orateurs, ni hommes d'État,
et ils restent à peu près étrangers à l'administration des affaires de leur pays, sauf le cas où,
entrant dans les ordres, ils deviennent cardinaux.

J'avoue qu'il est légitime et naturel de con-
cevoir le patriotisme autrement que ne l'exerce
la noblesse romaine ; on peut rêver une autre
grandeur que celle qui consiste à dépenser, au
profit de la bienfaisance et des arts, une fortune noblement acquise ; mais ce rôle, tel qu'il
est, et il ne saurait être autre à Rome dans les
circonstances présentes, ne serait-il pas encore
au-dessus des forces de cette jeunesse dorée
de notre pays, dont le club ou le turf voient
s'accomplir les grands exploits?

Les hommes du Midi, d'ailleurs, ne l'oublions pas, ne doivent en rien être comparés avec ceux du Nord. Pourquoi juger les Italiens à la mesure des Anglais ou des Américains? Les Romains sont-ils donc coupables de repousser cette agitation fébrile, qui convient aux peuples du Nord, de se laisser aller aux charmes de leur vie sans orages et de leur ciel sans nuages, de savourer en paix les plaisirs de l'art et de la science, loin des mesquins et impuissants labeurs de la politique et de l'industrie? Plût à Dieu que la révolution ne leur eût point enlevé ces loisirs!

Il est à croire que le sentiment des distinctions sociales, le besoin de croire à la supériorité de la naissance ou du mérite est bien profondément ancré dans le cœur des Romains, si on en juge par le luxe des titres et des dénominations qu'ils prodiguent en toutes circonstances et à tous venants.

Nul pays où l'étiquette soit plus sévère à cet égard. A l'encontre de la France où il n'est pas d'usage, entre gens du même monde, de répéter sans cesse les dénominations honorifiques, les Romains ne peuvent parler de qui que ce soit sans le qualifier immédiatement. Qu'à un prince ou à un marquis, ou à un comte on dise : *Signor Principe, Marchese, Comte*[1], passe encore, puisque c'est l'usage ; mais s'il s'agit d'un notaire, d'un peintre en bâtiments, d'un barbier ou d'un marchand de fromages, moins encore, s'il est possible, ce même usage exige que vous donniez à ces messieurs le titre de leur noble profession, et que vous disiez *Signor notajo, pittore, barbiere, mercatore*, etc.[2].

Est-ce tout ? non pas, vraiment. Rappelez-vous, si vous ne voulez manquer aux lois de la politesse la plus banale, que le moindre d'entre ceux à qui vous écrivez doit être qualifié : *Nobilissimo Uomo* (très-noble personnage), pour peu qu'il fasse partie de la noblesse. Le plus obscur est et doit être *Illustrissimo ;* dans l'Église, le plus humble : *Reverendissimo.* On parle toujours à la troisième personne. Les Romains ne sauraient renoncer à un si pré-

1. Monsieur le prince ! Monsieur le marquis ! Monsieur le comte !

2. Monsieur le notaire ! Monsieur le peintre ! Monsieur le barbier ! Monsieur le marchand !

cieux privilége, et ce privilége s'appliquant à
tous, il en résulte tout naturellement le contraire du privilége, à savoir : une égalité parfaite.

A tout étranger les moins flatteurs dé-
cernent le titre de *Signor Cavaliere* (Seigneur
cavalier), comme au temps de Gil Blas ; ils
sont, en outre, tous *galantuomini* (galants
hommes), compliment dont, entre paren-
thèses, beaucoup ne sont plus aujourd'hui
extrêmement flattés. Mais la plèbe et les gens
infimes ne sauraient vous adresser la parole,
sans vous traiter *d'Eccelenza* (Excellence), vingt
fois par minute.

J'ai connu beaucoup d'honnêtes bourgeois
de France qui avaient fini par prendre goût à
ces grandeurs et qui se rengorgeaient haut et
ferme, chaque fois qu'un titre venait cha-
touiller les oreilles et la vanité de leur *Excellence.*

V

LA LANGUE

**Harmonie de la langue italienne. — Les diminu-
tifs. — La poésie de l'expression. — La langue
italienne est le reflet du caractère et des sentiments chrétiens.**

La langue est parfois le reflet exact de la vie,
des idées et des mœurs d'une nation. Qu'on
nous permette, en terminant, de signaler au
hasard quelques analogies entre le génie de la
langue et le caractère romain. Peut-être l'un
s'explique-t-il par l'autre.

Personne n'ignore que l'italien de Rome est
la langue la plus douce, la plus harmonieuse,
la plus suave et la plus sonore qui puisse char-
mer l'oreille. C'est plaisir, dans les rues, de
l'entendre prononcer à haute et intelligible
voix, par les gens du peuple eux-mêmes. On

dirait une musique. Qu'est-ce, si on a la bonne fortune d'entendre un orateur ou un lettré, un éloquent prédicateur par exemple?

Ce sont les Italiens qui ont inventé ces diminutifs si gracieux, et ces nuances si délicates, qui, au mot le plus ordinaire, permettent de substituer une expression plus énergique ou plus douce. Pas un nom de baptême, par exemple, qui n'ait son diminutif et quelquefois plusieurs. C'est ainsi que *Theresa*, par exemple, deviendra : *Theresina, Theresinella, Theta, Thetina.*

Les Romains sont chrétiens dans l'âme : ils le sont aussi dans leur langage ; en voici quelques exemples que je prends au hasard en les empruntant à M. Ed. Lafond [1].

Une femme qui se plaint de son mari, avec la vivacité italienne, dira : *Il mio benedetto marito* [2]. Une Française aurait dit : mon maudit mari. Les Italiens bénissent quand nous maudissons :

1. *Lettres d'un pèlerin*, par E. Lafond.
2. Mon bénit mari.

Quelle diable d'affaire ! *Qual benedetto affare* [1] ! —
Va-t'en au diable ! *Andatevi a far benedire* [2] !

On demande à une mendiante combien elle
a d'enfants : *Cinq, signore* (cinq, monsieur) ;
puis avec un geste charmant : *Uno in paradiso,*
quatro quaggiù (un en paradis, quatre ici-bas).
— Que fait ton père ? demande-t-on à un jeune
orphelin. *Da due anni ci aspetta in paradiso* (depuis deux ans, il nous attend en paradis).

Les sentiments religieux d'un peuple religieux se réfléchissent dans son langage :

Quel dommage ! *che peccato !* (quel péché),
c'est qu'il n'y a pas pour eux de plus grand
malheur que le péché.

Être riche, se dit ici : *Avere del ben di Dio.*
(Avoir du bien de Dieu.) C'est que Dieu est
l'auteur de tous les biens.

Nous disons un pauvre diable, et les Italiens,
un povero christiano (un pauvre chrétien). —
Salute, signifie à la fois la santé du corps et
celle de l'âme : le salut éternel. La laideur
physique est comparée à la laideur morale.

---

1. Quelle bénite affaire.
2. Allez vous faire bénir !

Être laid, c'est avoir un visage d'excommunié :
Avere un viso di scommunicato.

Le peuple de Rome, nous l'avons dit, est
sobre, décent, respectueux : son langage tra-
duit ici encore sa manière d'être. Au lieu de
vous donner un démenti ou même une simple
réponse négative, ils tournent la difficulté :
che lo sa? disent-ils (qui le sait?), forme polie
pour vous assurer que vous êtes dans l'erreur.

Ils n'ont point notre ignoble *pourboire*, mais
la gracieuse *bonne main*. Tout au plus, les cochers se permettent-ils de vous demander quelques baïoques *per il caffè*, cette boisson spirituelle et poétique.

S'ils se fâchent, s'il faut absolument dire des
gros mots, ce qui arrive rarement, et jurer, ce
qui est pire, ils emprunteront une imprécation
à la langue de Cicéron; *per Bacco* (par Bacchus!)
et ce sera une réminiscence antique; mais
qu'ils viennent à penser qu'ils sont chrétiens,
et ils ne sauraient l'oublier longtemps, vous
les entendez jurer *per sant Antonio*, et saint An-
toine, je le suppose, ne s'en offense pas.

CONCLUSION

—

Il me vient en pensée qu'en lisant ces li..nes, plus d'un sourira de ma satisfaction et de mes enthousiasmes.

C'est plutôt la mode, je le sais, parmi les Aristarques en voyage, de blâmer, de rapetisser et de médire de parti pris : c'est plus facile et plus conforme au goût du public. On dira peut-être qu'il faut être niais ou dupe pour voir en quelque pays que ce soit l'âme humaine sous un jour favorable; à plus forte raison à Rome, cette ville maudite, jugée et condamnée à l'avance.

Et moi, au contraire, je veux me laisser aller sans vergogne à l'optimisme! Il m'est doux, et je n'en saurais rougir, d'admirer et d'aimer ces hommes du Midi, natures franches, loyales, énergiques, marquées au coin de la grandeur antique, ou frappées plus profondément encore de la divine empreinte du christianisme.

C'est notre habitude, à nous autres Français, de nous en aller, répétant partout que nous sommes le premier peuple du monde. Je ne verrais pas absolument de mal à la proclamation d'une vérité si incontestable ; mais il serait peut-être à désirer qu'on voulût bien aussi concéder quelque peu d'esprit et de goût, de courage, de vertu et de grandeur, aux autres nations.

« Je ne sache pas, a dit M. Sauzet, à propos de cette même ville de Rome, de plus despotique tyrannie que celle qui prétend jeter toutes les nations dans le moule de ses institutions particulières, et asservir en réalité leur indépendance sous prétexte de leur donner des leçons de liberté. »

Rome n'a la prétention de ressembler ni à Constantinople, ni à Londres, ni à Paris, ni à Pékin. Elle a sa physionomie à elle, ses vertus à elle, sa liberté et son indépendance à elle. Qu'on les discute ou qu'on les nie, c'est le droit de chacun ; mais s'il est vrai qu'elle conserve les mâles traditions du passé ; si elle offre dans le présent, aussi bien que dans le passé, le spectacle de mœurs héroïquement chrétiennes, que nul Béotien ne s'arroge le droit d'estimer la grandeur de la ville éternelle à la mesure de sa propre petitesse.

FIN

TABLE

IV POETES, ÉCRIVAINS, ORATEURS.

V. LA MADONE

LES FÊTES.

I. LES FÊTES RELIGIEUSES.

II. LA PLACE SAINT-PIERRE.

III. LE COMMENCEMENT DE L'ANNÉE.

IV. LE CARNAVAL.

TABLE 207

TABLE   209

V. LA LANGUE.

FIN DE LA TABLE

Imp. L. Toinon et Cᵉ, à Saint-Germain.

www.ingramcontent.com/pod-product-compliance
Lightning Source LLC
Chambersburg PA
CBHW070616100426
42744CB00006B/498